JN254680

日本の偉人物語②

上杉鷹山
吉田松陰
嘉納治五郎

岡田幹彦

光明思想社

はじめに

人間が人間らしく生きるために必要なことは何《なん》だろうか。その一つは、すぐれた人物を手本として学び見習うことである。その為《ため》には現在生きている人だけではなく、歴史上の無数の人物から学ばなければならない。それには読書を欠かすことができない。読書をするかしないかが、人間と他の動物との違いであり境目《さかいめ》である。わが国の歴史には実に数多くのすぐれた人物が綺羅星《きらぼし》のごとく輝いている。そのような人物について何も知らずに一生を終えることは、あまりにもさびしくもったいなく残念なことである。数学者の藤原正彦氏はこうのべている。

「人間が直接、経験できる世界の範囲はあまりにも狭い。その実体験《じったいけん》を補《おぎな》って余りあるのが読書です。私たちが家族以外に真《しん》に心を通わせられる相手は一生のうちせいぜい二、三人でしょう。ところが書物の世界では無数の作者や登場人物とのあいだで深い心の交感《こうかん》ができる」

年少時より読書を通して数多くの偉人から学ぶことが、私たちの人格形成にどれほど大切かはかり知れない。本書の三偉人は何より読書を好み歴史上の偉人に学んだ。ことに吉田松陰《よしだしょういん》がそうである。松陰は海外渡航に失敗したあと、萩《はぎ》の野山獄《のやまごく》で明暮《あけくれ》読書に没頭《ぼっとう》したがこうのべている。

「私は好んで書を読み、歴史上の忠臣《ちゅうしん》（主君《しゅくん》、国家に忠誠《ちゅうせい》を尽《つく》した人物）、孝子《こうし》（親を敬愛し大切にした人物）、義人《ぎじん》（国のため世のため人のために尽した人物）、烈婦《れっぷ》（すぐれた立派な女性）について記した書物を読むことが何よりの悦《よろこ》びです。朝起きて夜寝るまで一心不乱に読み、ことに大事なところは抜き書きしながら、立派な人物の生き方、行為に泣いて感動し躍《おど》り上《あが》るような悦びをおさえることができません。この楽しみはほかに比較するものがありません」

松陰は「読書と尚友《しょうゆう》（歴史上の偉人を尚《とうと》び手本として学ぶこと）」に生きた人物であった。一年二ヵ月の在獄中《ざいごくちゅう》に読んだ本が約六百冊である。

ここに私たちの一つの手本がある。人間として成長し立派になるための根本的条件の一つは、自分の胸の中に歴史上の偉人を抱《いだ》くことである。私は生涯この人物を模範として学ぶ。私はこのような人物になりたいと深く願うことである。そのような人物は一人でもよいが多ければ多いほどよい。心の中に尊敬すべき偉人をもたない人は、いかに才能があり頭がよくてもとうてい人格、品性のすぐれた立派な人間にはなりえない。

本書の三人物——上杉鷹山《うえすぎようざん》、吉田松陰《よしだしょういん》、嘉納治五郎《かのうじごろう》——は私たち日本人の手本となる素晴らしい偉人である。少年、少女たちにとり一生の心の糧《かて》となることを念願している。

本書の出版にあたりご尽力頂いた光明思想社社長白水春人氏並びに同社中村龍雄氏に深く感謝を申し上げる。

平成三十年三月

岡田幹彦

日本の偉人物語 2

上杉鷹山　吉田松陰　嘉納治五郎

目次

3、誓って神国《しんこく》の幹《みき》たらん

4、七生報国《しちしょうほうこく》の志《こころざし》

第三話　嘉納治五郎《かのうじごろう》――柔道を創始した世界的偉人

※カバー写真提供　米沢市立上杉博物館、京都大学附属図書館、公益財団法人講道館

第一話　上杉鷹山

――江戸時代の代表的名君

上杉鷹山

宝暦元年(1751)～文政５年(1822)
治憲(はるのり)。江戸時代中期の大名で、出羽国米沢藩の第９代藩主。領地返上寸前の米沢藩を再建し、江戸時代きっての名君として知られている。鷹山は号。(写真・「上杉鷹山像」米沢市上杉博物館)

1、「民《たみ》の父母」の誓い

「尊敬する日本人は上杉鷹山《うえすぎようざん》」——ケネディ・アメリカ大統領の称賛

江戸時代後半期に出た米沢藩主《よねざわはんしゅ》、上杉鷹山はわが国を代表する偉人の一人である。昭和三十六年（一九六一）、アメリカのケネディ大統領が就任直後に日本人記者団と会見した際《さい》、「尊敬する日本人は上杉鷹山」と語ったと伝えられている。そんなはずはないと疑う人もあったが、平成二十五年（二〇一三）十一月、大統領の娘であるキャロライン・ケネディ駐日大使《ちゅうにちたいし》は着任後これを肯定《こうてい》してこうのべている。

「私の父は優《すぐ》れた統治《とうち》そして公的利益《こうてきりえき》の為には身《み》を厭《いと》わなかった東北の大名《だいみょう》上杉鷹山《すぎようざん》を称賛《しょうさん》していました。彼は質素《しっそ》な生活を送り、将来に向けて学校を作り、さまざまな産業を興《おこ》しました。人々の奉仕《ほうし》を求めるケネディ大統領の有名な呼びかけにも共鳴《きょうめい》し合うような言葉を残しています。『国家とは我々の先祖から受け継いだものであって、私たちの子孫に渡してやるべきものです。私たちの個人的な所有物でありません（国家は先祖より子孫へ伝え候《そうろう》国家にして我私《われわたくし》すべき物にはこれなく候）。あなたがそう思ってそうやればそうなります。何事もしようとしなければ成らないのです。物事が成就《じょうじゅ》しないのは、その人がそのことをやろうとしなかったからです（為《な》せば成る　為さねば成らぬ　何事も　成らぬは人の　為《な》さぬなりけり）』」

ケネディの有名な呼びかけとは、「国家があなたに何をしてくれるかではなく、あなたが国家に何ができるかを問おうではないか」である。どうしてケネディは上杉鷹山を知り称賛《しょうさん》したのであろうか。それは内村鑑三《うちむらかんぞう》の書いた『代表的日本人』（岩波文庫）を読んでいたからである。この書は明治二十七年（一八九四）、英語で書かれた。この年日清戦争《にっしんせんそう》が起きたが、ヨーロッパやアメリカでは日本が勝つと思った者はほとんどいなかった。欧米の一般の人々は日本について無知で、日本はシナ文明の一部ぐらいとしか思っていなかった。イギリス、フランス、ロシアの侵略《しんりゃく》を受けて痛めつけられていた清《しん》だが、それでも「眠れる獅子《しし》」と言われており、ひとたび目覚《めざ》めたならば今のままであるはずはない、日本が勝てるはずはないと思っていたのである。

欧米人のこうした日本人に対するかたよった見方に、日本を深く愛していた内村は異議《いぎ》をとなえた。日本はあなたがたが思うような国ではない、日本には立派な歴史と伝統そしてこのようなすぐれた素晴しい人物がいると紹介したのである。内村が代表的日本人としてあげたのが、西郷隆盛《さいごうたかもり》、上杉鷹山《うえすぎようざん》、二宮尊徳《にのみやそんとく》、中《なか》江藤樹《えとうじゅ》、日蓮《にちれん》の五人である。この本が欧米において反響《はんきょう》を呼び、ヨーロッパ数ヵ国でも翻訳《ほんやく》され少なからぬ人々に読まれた。今日まで読みつがれている世界的《せかいてき》名著《めいちょ》だが、ケネディはこれを読み上杉鷹山に感銘《かんめい》を受けたのであった。

日本一の貧乏藩《びんぼうはん》の養子になる

上杉鷹山《うえすぎようざん》は再建は絶対に不可能と思われた米沢藩《よねざわはん》（現在山形県米沢市）を三十年かけてついに建て直し、今日「再建の神様」「改革の巨人」と称《たた》えられる人物である。鷹山《ようざん》は宝暦《ほうれき》元年《ねん》（一七五一）七月二十日、江戸に生まれた。九州高鍋《たかなべ》（宮崎県高鍋町）三万石、秋月種美《あきづきたねみつ》の次男、名は治憲《はるのり》、鷹山は雅号《がごう》（本名《ほんみょう》のほかにつける雅《みや》びな別の名前。神仏《しんぶつ》への信仰が深い鷹山は米沢にある白鷹山《しらたかやま》という人々が信仰する山から取った）。十歳の時親戚《しんせき》である上杉家の養子となり、十七歳の時に藩主《はんしゅ》になった。先代《せんだい》の上杉重定《うえすぎしげさだ》には男の子がいなかったので鷹山を迎《むか》え、やがて娘の幸姫《よしひめ》と結婚させた。

鷹山はひときわすぐれた少年だったので、戦国以来の名門である米沢十五万石上杉家の藩主になれた。大名《だいみょう》の家に生まれた男子の長男以外はよほど運が良くない限り、「部屋住《へやずみ》」といってお嫁さんも貰《もら》えず一生侘《わ》びしく暮らすのが普通である。身分《みぶん》の低い女性が高貴な身分の家にお嫁入りするのを「玉の輿《たまのこし》」というが、鷹山《ようざん》の場合はいわば男の「玉の輿」であった。

ところが米沢藩《よねざわはん》はとんでもないひどい藩だった。会社でいうと倒産状態《とうさんじょうたい》が何十年も続き、誰もが再建は絶対不可能とあきらめていた。先代の重定は鷹山を養子に迎える少し前、徳川幕府《とくがわばくふ》に対して大名をやめて領地《りょうち》を返上《へんじょう》しようとまでした。この時代は何よりも「御家大事《おいえだいじ》」である。上杉家を断絶《だんぜつ》することは先祖に対して申訳《もうしわけ》が立たないから、何が何でも家を守り抜かなければならない。よくよくのことであり衰退《すいたい》ぶりがいかにひどかったかわかる。

どうしてこんな状態に落ちこんでしまったのだろうか。上杉家の一番最初は戦国きっての戦《いくさ》の名人、上杉謙信《うえすぎけんしん》である。次が上杉景勝《うえすぎかげかつ》、豊臣秀吉《とよとみひでよし》の時代、五大老《ごたいろう》の一人で会津《あいづ》百二十万石の大大名《だいだいみょう》である。しかしやがて徳川家康《とくがわいえやす》に敵対《てきたい》した為、領土を大きく削《けず》られ米沢《よねざわ》三十万石となる。それでも景勝の腹心《ふくしん》、直江兼続《なおえかねつぐ》というすぐれた家老《かろう》は家臣《かしん》の首を一人も切らずうまくやりくりした。

ところが四代綱勝《つなかつ》の時、さらに十五万石に減らされた。綱勝は年若く跡継《あとつ》ぎの男子を生まないうちに急死した。こういう場合、徳川幕府は直《ただ》ちに大名家《だいみょうけ》を取《と》り潰《つぶ》す。しかし裏工作《うらこうさく》をうまく行い「末期養子《まつごようし》（藩主《はんしゅ》の死の直前に養子をとること）」という形にして、吉良上野介《きらこうづけのすけ》（妻が綱勝の妹）の息子を迎えた。見て見ぬふりをした幕府は「真実は知っているぞ」と十五万石に半減したのである。

ここから米沢藩の財政は赤字に転落してゆく。百二十万石から三十万石、三十万石から十五万石と八分の一に領土が減り、家臣は一人も解雇《かいこ》せず元のままである。十五万石ではまともに生きてゆけないのである。その上に吉良上野介《きらこうづけのすけ》は米沢藩の首がつながったのは誰のお蔭《かげ》だと、米沢藩《よねざわはん》から多額の金をむしり取った。吉良は浅野内匠頭《あさのたくみのかみ》を苛《いじ》めただけではなかった。以後、鷹山《ようざん》の就任《しゅうにん》まで六十数年間、台所は火の車、財政は赤字続き、借金漬《しゃっきんづ》けとなり、幾度《いくど》も再建を試みたがことごとく失敗した。先代の重定《しげさだ》はどうしようもなく全くやる気を失い大《だい》名《みょう》廃業《はいぎょう》まで決意したあと、鷹山を養子にしてまだ四十を少し過ぎた年であったが隠居《いんきょ》したのである。

血をもってした神への誓い

数え年で十七歳（満十六歳）の鷹山《ようざん》は、一体いかなる決意でこの救いようのないと見られた全国一の貧窮藩《ひんきゅうはん》の殿様《とのさま》になったのであろうか。普通であればいかに藩主《はんしゅ》になれるからといってもこんなところに行きたくない。しかし鷹山は決して失望、絶望せずあきらめることなく、勇気を振《ふる》い起こし倦《う》まず撓《たゆ》まず長年精根《せいこん》をこめて努力を重ねついに成功した。この奇蹟《きせき》の再建はどうして出来たのであろうか。

藩主になったその日、鷹山は次の歌を詠《よ》んだ。

受《う》け継《つ》ぎて　国《くに》の司《つかさ》の　身《み》となれば
　忘《わす》るまじきは　民《たみ》の父母《ちちはは》

国の司《つかさ》つまり藩主になるということは、米沢藩のすべての人々の父母になるということである。藩士《はんし》や民百姓《たみひゃくしょう》の生活を守りすべての人々を真《しん》に幸福にすることが私の任務《にんむ》、使命《しめい》である。これが満十六歳の若者が立てた決意である。鷹《よう》山《ざん》七十一年の生涯を貫《つらぬ》いた志《こころざし》こそ、この「民《たみ》の父母《ちちはは》」の自覚《じかく》であり誓《ちか》いである。実に立派であり二百年以上も後に生きる私たちの心を強く打ってやまないものがある。鷹山はこの決意を五ヵ条の文章にして上杉家の先祖《せんぞ》を祭《まつ》る春日神《かすがじん》社《じゃ》に奉納《ほうのう》した。その内容は「民の父母の語、家督《かとく》のみぎり（藩主となった時）歌にも詠《よ》み候《そうら》えば（詠みましたので）、この事《こと》第一に思惟《しい》つかまつるべきこと（一番大事に思い続けること）」を始めとして、文武両道《ぶんぶりょうどう》に怠《おこた》りなく務《つと》めること、高い地位にいて決して驕《おご》らぬこと（わがままになりいばり高ぶり人を見下《みくだ》さないこと）、人々に恵《めぐ》み与え決してぜいたくをしないこと、自分の言葉と行為を常に正しくととのえ、正直《しょうじき》、誠実《せいじつ》、礼節《れいせつ》（礼儀をつくすこと）の道を守り、賞罰《しょうばつ》（人々の行為につき賞賛《しょうさん》することと罰を与えること）を正しくすることなどを記し、もしこれを堅《かた》く守らず怠《おこた》る時はたちまち神罰《しんばつ》を蒙《こうむ》ることを血判《けっぱん》を押《お》して神に誓ったのである。この誓詞奉《せいしほう》納《のう》は当時誰一人知る者がなかった。誓詞が発見されたのは九十五年後の慶応二年(一八六六)である。

藩主《はんしゅ》としての鷹山《ようざん》の初仕事《はつしごと》は「民の父母」として、血書《けっしょ》をもって神に誓いを捧《ささ》げることであったのである。次いで家臣《かしん》たちに藩再建の道を尋《たず》ねた。ところが誰一人としてこうすれば再建は出来ますという者はいない。米沢藩《よねざわはん》では藩主を「お館《やかた》さま」とよぶが、みな「お館さま、残念ですがございません」と答えるしかなかった。

いまだ十六歳の少年だから、普通だったらやる気も勇気もとたんに消《き》え失《う》せてしまうところだ。とんでもない藩に来てしまったと「逆玉《ぎゃくたま》の輿《こし》」を後悔《こうかい》しても後《あと》の祭《まつり》である。しかし鷹山は後悔《こうかい》も失望もしなかった。誰もが方策《ほうさく》はなく再建は不可能という。鷹山にもなかった。あるのは米沢藩を何としても再建したいという志《こころざし》、熱願《ねつがん》、悲願だけである。鷹山と家臣達の違いはここにあった。「先祖から受け継いだ米沢藩《よねざわはん》をどん底から救い上げ、窮乏《きゅうぼう》に苦しむ士民《しみん》を幸福にしたい」それだけであった。指導者に最も大切な姿勢はこうした無私《むし》の神願《しんがん》である。鷹山は誰よりもこの気高《けだか》い心の持主であった。

大倹約実践《だいけんやくじっせん》の先頭に立つ——指導者としての気高い姿勢

再建の方法はないとみな言うけれど、鷹山《ようざん》はこれなら出来る、ここから始めようではないかとよびかけて行《おこな》ったのが「諸事大倹約《しょじだいけんやく》」である。藩財政《はんざいせい》と藩士《はんし》の生活における支出を出来る限り少なくして無駄《むだ》を省《はぶ》くことである。鷹山がまず範《はん》を示《しめ》して藩主《はんしゅ》の生活費を精一杯《せいいっぱい》きり詰《つ》めた。これはどこの藩も財政が赤字になるとやるが、他と違うところは何より鷹山が先頭に立ちその手本を示し亡くなるときまで五十余年間実践し抜いたことである。

鷹山はまず自分の生活費を大きく削《けず》った。藩主一年間の生活費千五百両《りょう》を、若殿時代の二百九両に据《す》え置《お》く。食事は一汁一菜《いちじゅういっさい》に減らす。殿様の夕食などは二《に》汁五菜《じゅうごさい》とかいって、汁もおかずもぜいたくだがこれを質素《しっそ》にする。着物は高貴《こうき》な身分《みぶん》の人は上等な絹織物《きぬおりもの》だが、これから作るのはみな木綿《もめん》にする。奥女中《おくじょちゅう》は従来《じゅうらい》五十人いたが九人にする。鷹山《ようざん》はこの大倹約《だいけんやく》を実行するにあたり、その決意を自ら文章にして藩士《はんし》に示している。今の言葉に直すとこうである。

「私は小大名家《しょうだいみょうけ》の出身ですが、天下の名門である上杉家の藩主《はんしゅ》となりました。しかし米沢藩《よねざわはん》はいま衰退《すいたい》の底にあります。このまま米沢藩の滅び去るのを待ち、藩内の人々を苦しめることは、私としてこれ以上の親不孝《おやふこう》はありません。ここまで衰《おとろ》えた米沢藩を復興《ふっこう》する見通しが立たないので諸役人に深く尋《たず》ねてみましたが、誰にもよい方法はなく再建は不可能と言います。しかし米沢藩の衰亡《すいぼう》を黙って見ていることはできません。君主《くんしゅ》と家臣《かしん》が心と力を尽《つく》してこの大倹約を出来る限り行おうではありませんか。そうするならば再建が出来るのではないかと、強く思い立ちました。

　私が木綿《もめん》の服を着て生活費を減らしたところでたいした倹約にもならず、財政《ざいせい》赤字《あかじ》が黒字になるわけではありません。私がそうするのは、長年家臣《かしん》の給料の約半分を借《か》り上《あ》げ（借りるという名目《めいもく》で藩に上納《じょうのう》させてきたこと。借金の返還《へんかん》はなかった）、苦しい生活をさせてきたことをまことに申しわけなく気の毒に思うからです。せめて綿服《めんぷく》を着、朝夕の食事を質素《しっそ》にして藩士《はんし》や民百姓《たみひゃくしょう》らの人々と苦労、艱難《かんなん》をともにし、『民《たみ》の父母』として人々を幸福にすべき藩主《はんしゅ》としての任務を果していないことを、神、仏《ほとけ》に対して心からお詫《わ》びするためにそうすることにしました。

私の願いはただひとつ米沢藩《よねざわはん》を再興《さいこう》し人々を真に幸福に導くことであります。私生涯の神願《しんがん》であります。これまで人として踏《ふ》むべき正しい道を学問してきましたのも、すべては米沢藩の人々を幸せにしその生活を守るという思いからであり、そのほかには何もありません」

自分は命をかけて米沢藩を再建し、士民《しみん》を真《しん》に幸福にする。自分がこの世に生を享《う》けこれまで人間の道について学問してきたのはすべてこの為《ため》にあるのだ。これが十六歳の少年の文章である。この文章が配られたとき、これはお館《やかた》さまが書いたのではない、家老《かろう》が代《かわ》りに書いたのだ、十六歳の子供にこんな立派な文章が書けるはずがないとみな思った。鷹山《ようざん》はその後しばしば自分の意志を全藩士《ぜんはんし》によく理解させる為に自ら文章を書いた。

鷹山《ようざん》のこの国家（藩）と人民を何としても救済《きゅうさい》せんとする指導者としての気高《けだか》い姿勢と神願《しんがん》、人々への燃えるような愛情と責任感こそ、君主《くんしゅ》、政治指導者に最も大切な精神である。ケネディ大統領の心を打ったのは鷹山のこの姿勢であった。ケネディの大統領就任における演説で「姿勢は政策に優先する」という名文句があった。政治・経済を始めとする諸政策よりもっと大切なことは、一国の指導者、大統領としての根本的姿勢だと言うのである。ケネディは『代表的日本人』を読んで鷹山のこの姿勢に深く感銘《かんめい》したからこそこう言ったのである。指導者としても人格的にもケネディは鷹山には遠く及ばなかった。しかしケネディは鷹山の精神に共感《きょうかん》、共鳴《きょうめい》できたから尊敬しうる日本人として鷹山をあげたのである。

伝国《でんこく》の辞《じ》——今日に通用する普遍的《ふへんてき》な政治原則

鷹山の指導者としての根本精神をあらわすもう一つが「伝国《でんこく》の辞《じ》」である。鷹山は三十五歳の時、先代重定《しげさだ》の子供（鷹山が藩主《はんしゅ》になってから生まれた）治広《はるひろ》に藩主の位《くらい》を譲《ゆず》ったがその時与えたものである。

一、国家は先祖より子孫に伝え候《そうろう》国家にして、我私《われわたくし》すべき物《もの》にてこれ無《な》く候《そうろう》。

（国家とは我々の先祖から受け継いだものであって、私たちの子孫に渡してやるべきものです。藩主《はんしゅ》の個人的な所有物《しょゆうぶつ》であると思ってはなりません。）

一、人民は国家に属《ぞく》したる人民にして、我私《われわたくし》すべき物《もの》にはこれ無《な》く候《そうろう》。

（藩士《はんし》と民百姓《たみひゃくしょう》は国家に所属《しょぞく》する人々であって、藩主の個人的な所有物と思ってはなりません。）

一、国家人民の為《ため》に立てたる君主《くんしゅ》にして、君主の為に立てたる国家人民にてこれ無く候《そうろう》。

（国家人民の為に立てられたものが君主・藩主であって、君主・藩主の為に国家人民が存在しているのではありません。国家の隆盛《りゅうせい》（すばらしく栄えること）と人々の幸福の為に無私《むし》の奉仕《ほうし》と献身《けんしん》を行うのが君主・藩主・指導者の責務《せきむ》であります。）

　政治あるいは統治《とうち》において君主・指導者が持たなければならない基本、根本的精神につき、跡継《あとつ》ぎの治広《はるひろ》に教え諭《さと》したものである。鷹山《ようざん》が生涯《しょうがい》にわたって実践したことだが、実に素晴しく立派である。二百年以上も前のこの言葉は現在の日本のみならず、全世界に通用する普遍的《ふへんてき》（世界全体に広くゆきわたること）な政治並びに政治指導者のあるべき理想像《りそうぞう》をさし示している。上杉鷹山はこのような精神と信念のもとに十七歳から七十二歳までの五十五年間を貫《つらぬ》き通すのである。

　　為《な》せば成《な》る　為《な》さねば成《な》らぬ　何事《なにごと》も
　　　成《な》らぬは人《ひと》の　為《な》さぬなりけり

　物事を成《な》し遂《と》げようとする人間の不撓《ふとう》不屈《ふくつ》の精神、意志、努力、忍耐《にんたい》の大切さを詠《よ》んだものだが、五十数年間人力《じんりょく》の限りを尽《つく》して米沢藩《よねざわはん》の奇蹟的再建《きせきてきさいけん》を果《はた》した鷹山が作ったからこそこの歌に価値がある。

2、米沢藩《よねざわはん》再建の艱難辛苦《かんなんしんく》

数々の苦難《くなん》——幕府《ばくふ》の苛酷《かこく》な命令

米沢藩再建の道は茨《いばら》の道であり、たて続けに苦難がこれでもか、これでもかと押し寄せた。鷹山《ようざん》が藩主《はんしゅ》になってから約二十年間も続くのである。困難に次ぐ困難、挫折《ざせつ》に次ぐ挫折であった。気の遠くなるような再建事業だったが鷹山はこれに耐え抜くのである。

藩主になって三年目、徳川幕府は米沢藩に江戸城西の丸《まる》の手伝《てつだ》い普請《ふしん》（建築や修繕《しゅうぜん》をすること）を命じた。幕府は藩主《はんしゅ》が代替《だいがわ》りするたびに必ずこのような仕事を例外《れいがい》なく諸大名《しょだいみょう》にさせた。それは諸大名ことに有力な外様大名《とざまだいみょう》（徳川の親族、家臣《かしん》の譜代大名《ふだいだいみょう》以外。関ヶ原の戦い以後、徳川に従った大名）の財力《ざいりょく》を削《けず》る為《ため》である。財政赤字《ざいせいあかじ》でいかに苦しんでいてもそうしたのである。徳川幕府は諸大名が幕府に刃向《はむか》ってこないようにするために無慈悲《むじひ》の厳しい政治を行った。

現在、江戸時代が見直されて当時の世界のいかなる国と比べてみても、わが国がよりすぐれていたことが明らかにされている。戦争がなく平和で社会が安定していたこと、国民生活全体の豊かさ、寺子屋《てらこや》の普及にみられる教育程度の高さ、世界一の識字率《しきじりつ》、素晴《すば》らしい国民性（誠実・正直で嘘《うそ》をいわず思いやりが深く、恩《おん》・義《ぎ》理《り》・人情《にんじょう》を大切にする）、世界に比類《ひるい》のない文化と芸術の高さなどである。科学技術だけは戦争がなかったから発達が遅れたが、それ以外あらゆる面で江戸時代の日本は世界一の社会であったことが、ようやく人々に知られるようになった。しかし徳川幕府の諸大名に対するやり方は、決してほめられるものではなかった。

米沢藩《よねざわはん》はこの仕事に約二万両《りょう》ほど使った。一年間の収入の三分の一ぐらいである。この二万両は大商人から借金した。これまで多額の借金をしていた上にまた借金で、借金は増え続け利子《りし》さえ払えない状態がこのあと約三十年間続くのである。

六年目、江戸における大火で藩邸《はんてい》の二つが全焼した。大名の江戸屋敷《えどやしき》はふつう上・中・下と三つある。この二つの再建のためにまた多くの出費《しゅっぴ》を強《し》いられまた借金である。鷹山《ようざん》はまるで厄病神《やくびょうがみ》(ひどい病気をもたらせる悪神《あくしん》)にとり憑《つ》かれたようであった。

七家《しちけ》の反逆《はんぎゃく》

七年目、老臣《ろうしん》たちが鷹山に反逆《はんぎゃく》した。家老《かろう》を含めた高い家柄《いえがら》を誇る七人の家《か》臣《しん》が突如《とつじょ》登城《とじょう》して鷹山に対し、諸事大倹約《しょじだいけんやく》を始めとする改革《かいかく》を直ちに中止すべきことと、鷹山が最も信頼している竹俣当綱《たけのまたまさつな》という家老《かろう》が悪事《あくじ》を働いているとしてすぐさまやめさせることを強く要求した。「お館《やかた》さま、この二つの申し入れを直ちに承諾《しょうだく》して下さい。そうしないかぎり我々はこの場をひき下《さが》りません」という脅迫《きょうはく》じみた訴《うった》えであった。

七人の家臣《かしん》たちは養子の鷹山《ようざん》を全く舐《な》めきって馬鹿にしていた。九州の田舎大名《いなかだいみょう》出《で》の養子が上杉謙信《うえすぎけんしん》以来の天下の名家《めいか》にやってきて、何をけちけちしたことを言うのだという思いである。数十年間赤字続きでどうにもこうにもならない米沢藩《よねざわはん》の再建《さいけん》なんか成功するはずがない。今まで色々やったが全て失敗した。よそからやってきた年若い鷹山がうまくゆくわけがない。どうせ失敗することに協力するのは馬鹿々々しい、骨折《ほねお》り損《ぞん》のくたびれ儲《もう》けだ。よくなりようがないのに、倹約《けんやく》するのは無駄《むだ》なことと思ったのである。鷹山が何を言っても聴《き》く耳を持たなかった。この七人の行為は主君《しゅくん》に対する明白な反抗《はんこう》であった。

このとき二十三歳の鷹山は藩主《はんしゅ》を藩主とも思わず、家臣の立場を超えて自分をあなどってやまない七人の行為に対して困《こま》り果《は》て苦悩《くのう》した。その日居直《いなお》る七人をどうにか下城《げじょう》させた後、鷹山は藩の目付役《めつけやく》（藩士の非行《ひこう》を監察《かんさつ》する役職）を呼び、七人の訴えを示し意見を求めた。目付たちは七人の訴えは間違《まちが》いです。お館《やかた》さまが今行っている改革《かいかく》を続けるしか米沢藩《よねざわはん》の生きる道はありません。家老《かろう》の竹俣《たけのまた》殿《どの》に不正はいささかもありませんと答えた。続いて中堅藩士《ちゅうけんはんし》数百名を広間に集めて尋《たず》ねてみたが、全員が七人の訴えを誤りとして鷹山《ようざん》を支持《しじ》した。

やはり自分のやってきたことは間違いないと確信して再び七人を説得しようとして登城《とじょう》を命じた。ところが七人は登城を拒絶《きょぜつ》したのである。どこまでも藩主《はんしゅ》を侮辱《ぶじょく》する公然《こうぜん》たる主君《しゅくん》への反逆《はんぎゃく》行為であった。自分達が強い態度に出れば、鷹山は折れて妥協《だきょう》すると思ったのである。

藩主をとことんないがしろにする七人の家臣《かしん》の許しがたい振舞《ふるまい》に、鷹山は一体どうすればよいのかともだえ苦しんだ。しかし鷹山は直ちに決断を下《くだ》した。多数の藩士《はんし》たちに鎧兜《よろいかぶと》で武装させ鉄砲、槍《やり》を持たせ出動を命じ、七人の屋敷を包囲《ほうい》して七人を捕縛《ほばく》するや、直ちに首謀者《しゅぼうしゃ》二人に切腹《せっぷく》を命じその家を断絶《だんぜつ》、残り五人を蟄居閉門処分《ちっきょへいもんしょぶん》にして禄高《ろくだか》を半減した。電光石火《でんこうせっか》の果断《かだん》な処置《しょち》であった。これまで藩士たちは鷹山を慈悲《じひ》の心の厚い人で剛勇《ごうゆう》とは縁遠《えんどお》い人物と思ってきたが、この勇断《ゆうだん》に震《ふる》え上《あ》がった。鷹山《ようざん》はただやさしいだけの人物ではなかった。自分の信ずる正しい道を万難《ばんなん》を排《はい》して貫《つらぬ》き通す鋼鉄《こうてつ》の信念と剛毅《ごうき》な心を持つ真の武士《ぶし》であったのである。

困難に満ちた大事業をなしとげる場合、必ず大きな障害《しょうがい》、抵抗《ていこう》がつきまとうものである。障害、抵抗のない大事業はありえない。鷹山がこのとき挫折《ざせつ》したなら米沢藩《よねざわはん》の再建は不可能であった。困難、障害にぶつかったとき人物の真価《しんか》がためされる。歴史上の偉人として仰《あお》がれる人はみなこれを勇気と忍耐《にんたい》をもって乗り越えた人達である。

七家《しちけ》はみな謙信《けんしん》以来の家柄《いえがら》を誇る名家《めいか》だから、これを処罰《しょばつ》するのはよほどの決断を必要としたが、鷹山は涙をふるって行ったのである。鷹山七十余年の人生における最も大きな節目《ふしめ》がこの時である。鷹山は七人が反逆《はんぎゃく》したことを深く自分の責任とした。自分が藩主《はんしゅ》として徳《とく》が足りず家臣《かしん》を心服《しんぷく》させることができなかったからだと、心から深く反省するのである。鷹山は七家の反逆《はんぎゃく》を自分の生涯の心の傷《きず》、ぬぐうことのできない汚点《おてん》として心に留《とど》めて、以後ひたすら反省と修《しゅう》養《よう》に努めるのである。鷹山《ようざん》は後半生《こうはんせい》、藩の士民《しみん》から生神《いきがみ》さまのように仰《あお》がれるが、そこまで人格を高め上げたのはこの七家《しちけ》の事件があったからである。鷹山は七家に許しを与えることを忘れず、やがて断絶《だんぜつ》した二家を復活させ五家への処分を解《と》いてやった。

天明《てんめい》の大飢饉《だいききん》

七家の反逆と並ぶもう一つの大困難が天明の大飢饉である。江戸時代最大の飢饉で天明三年（一七八三）、五年（一七八五）、六年（一七八六）と続く東日本を襲《おそ》った大冷害《だいれいがい》であり、東北の多くの藩で餓死者《がししゃ》を出した。ことに天明三年が一番多くの犠牲者《ぎせいしゃ》が出た。この年の六、七月晴天はほとんどなく秋には百日以上雨が降り続き、東北地方の全域で水田、畑作《はたさく》がほとんど全滅する大凶作《だいきょうさく》に見舞われた。その為《ため》人々は食べ物がなくなり、牛、馬、鶏《にわとり》、犬、猫などを殺して食べるだけでなく、雑草や樹皮《じゅひ》など食べられるものは全て食べた。しかしそれらはすぐ食べつくされ、人々は骨と皮だけになり次々に倒れて亡《な》くなっていった。はじめのうちは死体を埋《う》めていたが、やがてそのまま打ち捨てられ、犬やカラスが死体にむらがり食い散《ち》らすというこの世の地獄的な無惨《むざん》な有様《ありさま》があちこちに出現《しゅつげん》した。ことに津軽藩《つがるはん》や南部藩《なんぶはん》では数万人もの餓死者《がししゃ》が出た。東北各地で餓死者のなかった藩はないといわれた。先にのべたように江戸時代は世界的に見て平和で豊かな社会であったが、自然の猛威《もうい》にどうしようもない時が何度かあったのである。

米沢藩《よねざわはん》ではどうだったのか。ここでは五月中旬から降り始めた雨が八月に入ってもやまなかった。このままでは米は一粒も実《みの》らない。そこで鷹山《ようざん》は全ての藩士《はんし》と民百姓《たみひゃくしょう》に粥食《かゆしょく》を命じた。むろん鷹山もそうした。少しでもお米を節約するためである。続いて酒、酢《す》、糀《こうじ》、豆腐《とうふ》、納豆《なっとう》、菓子《かし》など米、豆類を原料とするものの製造を禁じた。そしていよいよ食べ物の少なくなってきた十月から藩の「お備《そなえ》倉《ぐら》」を開き、士民《しみん》に「払米《はらいまい》」といって米を与えた。お備倉《そなえぐら》は飢饉《ききん》に備えて米などをたくわえておく倉庫である。しかしお備倉《そなえぐら》の米もすぐになくなった。そこで鷹山は藩士や藩内の豊かな商人などから借金をして越後などから一万二千俵《ぴょう》の米を買い入れ、十二月から食べ物のない人々に、一日、男子三合五勺《ごうしゃく》、女子三合、それに味噌《みそ》をつけて配給《はいきゅう》、あわせて冬期に入《はい》るため寒さをしのぐ衣類料四百文《もん》を与えた。これにより人々は十分に飢えをしのぐことが出来た。男と女の量が五勺ちがうのは差別をしたからではない。男は女より外で体力を使って働くことが多いので女より少し多く与えたのである。

こうして鷹山《ようざん》は懸命《けんめい》の努力を傾《かたむ》けた結果、ついに一人の餓死者《がししゃ》も出さずこの危機を乗り切ったのである。民百姓《たみひゃくしょう》は鷹山をこの世の「生神様《いきがみさま》」と仰《あお》いだ。お館《やかた》様《さま》は自ら粥食《かゆしょく》をして人々と苦しみを分ち合い、ありとあらゆる努力を重ね大借金をして大量のお米を買い入れ、我らを飢餓《きが》から救ってくれたと伏《ふ》し拝《おが》んだのである。

この時周辺《しゅうへん》の藩では餓死者が続出していたが、米沢藩《よねざわはん》では救済米《きゅうさいまい》が与えられていると風のたよりできいて、食べられない人々が他藩《たはん》からなだれこんできた。鷹山はこれらの難民《なんみん》に対しても、分けへだてなく食べ物を与えてやった。救済米を受ける前にやせ衰《おとろ》えて亡くなった者が何人もいたが、その人々に対しては仮埋《かりまい》葬《そう》をしてやり立札《たてふだ》を立て、他日《たじつ》訪れてくるかも知れない縁者《えんじゃ》のためにはかってやった。

天明《てんめい》五、六年の飢饉《ききん》にも鷹山《ようざん》は餓死者《がししゃ》を出さなかった。鷹山はこうした経験を経《へ》て今後いかなる災害《さいがい》にも困ることのないようにするため、米十五万俵《ぴょう》の貯蔵《ちょぞう》に着手《ちゃくしゅ》した。二十年以上かかったが、これが五十年後の天保《てんぽう》の大飢饉に役立ち一人の餓死者も出さずこの時も他藩《たはん》からの流入者を助けた。鷹山は死して後《のち》なお人々を救ったのである。鷹山の民を思ってやまないこの上ない愛情が、再度の危機を払いのけたのである。

農業の再建、諸産業の振興《しんこう》——五十年かかった至難《しなん》の事業

藩主になって二十年目、天明の飢饉がようやく終った時が財政窮乏《ざいせいきゅうぼう》のどん底であった。借金はさらに積み重なった。米沢藩《よねざわはん》の本格的再建はここから始まった。任《にん》重くして道遠い至難《しなん》（最も困難なこと）の大事業であったのである。

藩の再建はまず農業からである。江戸時代は人口の約七割が農民である。最大の産業は農業であり、藩の収入のほとんどが年貢《ねんぐ》(お米・当時の税金)なので、農業を再建しない限り藩の再建はありえない。米沢藩《よねざわはん》の農業はどうしようもないほど衰退《すいたい》していた。どこでも藩の財政《ざいせい》が赤字になると年貢が上げられる。普通は四《よん》公六民《こうろくみん》(収穫されたお米の四割を藩に納《おさ》める)ほどだが、それが五公五民《ごこうごみん》、六公四民《ろっこうよんみん》と上《あが》り、ひどい場合は七公三民《しちこうさんみん》になる。米沢藩ではこうした高い年貢が数十年も続いたので、農民は生活に苦しみついに田畑を捨て生まれ故郷を離れて逃げて行く者が後をたたず、藩の人口はだんだん減少していった。このように農村は荒れ果て農業は崩壊《ほうかい》状態にあった。

鷹山《ようざん》はこの農業の立て直しに長年心を砕《くだ》きできる限りの努力をした。一つが未《み》開墾《かいこん》の地に水を引き水田を拡大することである。鷹山は黒井半四郎《くろいはんしろう》という水利《すいり》事《じ》業《ぎょう》の名手《めいしゅ》を見い出した。黒井は長年の努力の末、八百町歩《ちょうぶ》の新田《しんでん》を開発した。

また飯豊山《いいでやま》という岩山《いわやま》に百五十メートルの隧道《ずいどう》(トンネル)を掘り抜き、そこに水を通して水田を作った。この工事は固い岩山なので約二十年もかかった難工事であった。両側から掘っていったが左右の誤差《ごさ》はなく、上下の差が二メートルほどあった。文明の利器《りき》のない時代のことだから、たいしたものである。

鷹山《ようざん》はこの新しい田畑を下級武士に与えた。日々の生活に苦しむ下級武士に農業をさせたが、こうすれば生活も安定し筋骨《きんこつ》も鍛《きた》えることが出来る。また年貢《ねんぐ》は徐々《じょじょ》に適正規模《てきせいきぼ》にまで下げた。逃げていった農民には帰村《きそん》をよびかけた。このようにして約三十年間かけてようやく農業の再建に成功するのである。

しかし農業再建に成功し新田開発《しんでんかいはつ》により年貢がやや増加しても、藩財政《はんざいせい》は黒字にはならない。三十万石から十五万石に半減させられたので少しぐらい年貢収入が増えても赤字が少し減る程度である。そこで鷹山は農業以外の諸産業の振興《しんこう》に力を入れた。種々《しゅじゅ》努力したがことに大きな成功をしたのが絹織物《きぬおりもの》を作る養蚕業《ようさんぎょう》である。米沢《よねざわ》の絹織物はやがて全国的に有名になるが、この絹織物により藩に入《はい》る収入が二十六年目に四万八千両にもなる。このほか諸産業による雑収入を加えて収入は大きく増加し、ここでようやく赤字財政から解放され黒字に転換《てんかん》できた。そしてこの黒字の分から約三十万両もある借金を少しずつ支払っていった。

米沢藩再建《よねざわはんさいけん》の歴史をまとめると、財政窮乏《ざいせいきゅうぼう》のどん底が鷹山就任《ようざんしゅうにん》から二十年目、本格的再建の始まりが二十五年目、再建が順調に軌道《きどう》に乗ったのが二十九年目、農村が安定し繁栄に向っていったのが三十八年目、莫大《ばくだい》な借金をほとんど返済《へんさい》し軍用金《ぐんようきん》五千両を備蓄《びちく》したのが五十七年目、鷹山死後一年である。天明《てんめい》の飢饉《ききん》にいたるはじめの二十年間はどうにもならなかった。米沢藩の再建は三十年、五十年かけた筆舌《ひつぜつ》に尽《つく》しがたい艱難辛苦《かんなんしんく》の大事業であったのである。

3、鷹山《ようざん》の愛民《あいみん》と仁政《じんせい》

民百姓《たみひゃくしょう》への愛情と誠《まこと》の心

鷹山の五十数年間にわたる米沢藩再建《よねざわはんさいけん》の事業を貫《つらぬ》いたものは、ひとえに「民《たみ》の父母」の心である。当時の農民が苦しめられたのは、一つが高い年貢《ねんぐ》である。鷹山はそれを適正《てきせい》な年貢に引き下げた。もう一つは日常農民に接する代官《だいかん》以下の役人の悪政《あくせい》であった。藩内《はんない》をいくつかに分けてそこに代官がおかれるが、その代官が村々の農政《のうせい》の責任者となる。代官のもとに部下の藩士《はんし》がいる。この代官と部下の行う農村指導《のうそんしどう》がよくないばかりに農民は苦しめられたのである。たとえば代官《だいかん》や部下はしばしば農村の様子《ようす》を見に行く。そのたびに一日ですむ仕事を二日三日に延ばす。二、三日ですむことを一週間に延ばす。そのときの役人の食事費、接《せっ》待費《たいひ》、宿泊費《しゅくはくひ》はすべて村持ちとなり村民が分担《ぶんたん》してその費用を払うが、その費用がかなりのものになる。

小役人《こやくにん》らはみなろくな給料《きゅうりょう》をもらっていない。そこでたいした用もないのに村々に行って、酒を出せ、旨《うま》いものを食わせろと要求するのである。贈り物や時には賄賂《わいろ》もせびられる。その上に年に何度か種々の仕事に駆《か》り出される。この役人の長逗留《ながとうりゅう》と労役奉仕《ろうえきほうし》に農民はさんざん苦しめられたのである。年貢《ねんぐ》だけではさほど苦しまなかった。藩もよほどのことがない限り六公四民や七公三民にしない。あまりひどくすると農民が逃げてゆくからである。またお米だけでなく畑作《はたさく》による収入があるが、畑作物《はたさくもつ》は特別なものでない限り税金をかけられなかった。大根などはいい収入になる。農民の全収入における税金はふだんそれほど高くはなく、農民が苦しんだのはむしろ役人たちのこうした悪政《あくせい》である。それまで代《だい》官《かん》は代々《だいだい》世襲《せしゅう》であった。そこで鷹山《ようざん》はこれを改め、中堅《ちゅうけん》の藩士《はんし》中最もすぐれた者を代官に任命《にんめい》した上、次の文章を与えた。

「生まれたての赤ん坊《ぼう》は知識がないのだから自分の思いを伝えられない。しかしその母はもの言えぬ赤ん坊が何を欲しているか常にわかる。その理由はただひとつ、わが子に対する誠《まこと》があるからである。誠が愛を生じ、愛から智恵《ちえ》が生まれる。唯々《ただただ》誠こそ根本であり、これあるがゆえに赤ん坊に対して行き届かないところが少しもない。代官ら役人が農民に接するのと、母が赤ん坊に対するのとどこが異《こと》なろうか。全く同じことである。汝《なんじ》ら代官たち、誠に民を愛する心があるならば、才智《さいち》の及ばないことはないのだから、己《おの》れの才智、手腕の不足を心配する必要は全くない。ひたすら誠をつくせ」

鷹山は代官に最も大切なものは民百姓《たみひゃくしょう》に対する誠《まこと》の心であり、その誠の心から愛と智恵が生まれ民百姓を真に幸福にすることができるのだと懇々《こんこん》と教え諭《さと》したのである。そうして定期的に代官を集め会議を行い、自《みず》らここに出て家老《かろう》とともに彼らを指導した。各代官に現状《げんじょう》と成果《せいか》を発表させ、良いところを見習わせ悪い所を改めさせた。直々《じきじき》の指導を受ける代官《だいかん》は鷹山《ようざん》のこの上ない愛民《あいみん》の心をわが身に体《たい》して励《はげ》みに励んだ。鷹山はことあるたびにこのような文章を自ら記し、己《おの》れの意志を藩内に徹底《てってい》することにつとめたのである。

郷村教導出役《ごうそんきょうどうしゅつやく》・五什組合《ごじゅうくみあい》・医学校

鷹山はすぐれた代官を任命して農政《のうせい》を改善《かいぜん》したが、さらに藩内十二の地域に「郷村教導出役《ごうそんきょうどうしゅつやく》」を置いた。鷹山が彼らに与えた任務は次の通りだ。

一、天道《てんどう》（神のこと）を敬《うやま》うことを教えること。
一、父母への孝行《こうこう》を教えること。
一、家内睦《むつ》まじく親類親《した》しむことを教えること。
一、頼《たよ》りなき者をいたわって渡世《とせい》（生活）させること。
一、民《たみ》の害を除《のぞ》き民の潤益《じゅんえき》（利益）をとり行うこと。
一、上に立ち百姓《ひゃくしょう》を取り扱う諸役人《しょやくにん》の邪正《じゃせい》に注意すること。

一、往来《おうらい》の病人をいたわること。

郷村教導出役《ごうそんきょうどうしゅつやく》の任務《にんむ》は農民の生活を守るとともに、彼らに人の道を教え導くことであった。鷹山《ようざん》はしばしば直接彼らと語り合った。民百姓《たみひゃくしょう》を真に大切に思い彼らの幸せのためにここまで心を傾《かたむ》け尽《つく》した藩主《はんしゅ》は稀《まれ》であった。

鷹山はさらに「五什組合《ごじゅうくみあい》」の制度を立てた。それは農民相互《そうご》の扶助組織《ふじょそしき》で五軒を一組《ひとくみ》として、次のように掟《おきて》を定めた。

一、五人組は常に睦《むつ》まじく交《まじわ》りて苦楽《くらく》をともにすること、家族のごとくなるべし。

一、十人組は時々親しく出入りして家事《かじ》を聞くこと、親類のごとくなるべし。

一、一村《いっそん》は互《たが》いに助け合い、互いに救《すく》い合いたのもしきこと、朋友《ほうゆう》のごとくすべし。

一、組合村《くみあいむら》（数村が一組合となる）は患難《かんなん》（艱難）にあって助け合い、隣村《りんそん》よしみ甲斐《かい》（親しくつきあうこと）あるべし。

さらに老いて子なき者、幼《よう》にして父母なき者、夫婦のいずれかを失った者、病傷者《びょうしょうしゃ》で生活できない者、死者を出しても葬式を出せない貧しい者、火災にあった者など全ての苦しむ者、不幸な人たちに対して、五人組、十人組、一村が相《そう》互扶助《ごふじょ》することを定めたのである。これもまた鷹山《ようざん》の「民の父母」たる愛情から発したものであり、決して農民への支配《しはい》と統制《とうせい》を目的とする制度ではなかった。それゆえに内村鑑三《うちむらかんぞう》は『代表的日本人』の中で、「鷹山の米沢領《よねざわりょう》以外、地球の他のいかなる部分においても、これに類《るい》するものが実行に移されたことはない」と称《たた》えたのである。

また鷹山は藩内の農村部に医者をおいた。町にはいてもいなかでは経営《けいえい》が成り立たないので医者がおらず、その為《ため》病気になっても医者にかかることができない人々をあわれんでそうしたのである。医者になる者には宅地《たくち》を与えて優遇《ゆうぐう》した。これにより多くの人々が病気から救われた。

さらに鷹山は「好生堂《こうせいどう》」と名づけた藩《はん》の医学校を建て医学の振興《しんこう》につとめた。当時、オランダの医学が日本に伝えられていたので、医学生にそれを習わせるとともに、好生堂で西洋医学の教授《きょうじゅ》とそれによる診察《しんさつ》、治療《ちりょう》まで行わせた。米沢は「東北の長崎」とよばれ、諸藩《しょはん》の医学生が集ってきてここで学んだ。

堕胎《だたい》の根絶《こんぜつ》と敬老の実践《じっせん》

当時の悪習《あくしゅう》として生活が苦しいばかりに生まれた赤ん坊を闇《やみ》に葬《ほうむ》る堕胎《だたい》があった。人々は涙をのんでやったのだが、鷹山《ようざん》はこの人の道に真向《まっこう》から反することをやめさせようとして最初政令《せいれい》を出した。しかし一片《いっぺん》の政令でそれはやむものではなかった。そこで鷹山は家老《かろう》たちと協議《きょうぎ》し、六千両《りょう》の育児資金《いくじしきん》を準備して子供を育てられない人々に、大きくなるまで十分育てられるだけのお金を与え、絶対に堕胎《だたい》してはならないという指導を行った。長い間の努力の結果、三十年後ついに根絶《こんぜつ》に成功した。

また同じく生活苦のため働けなくなった老人を野山《のやま》に捨てる悪習《あくしゅう》があった。これも絶対なくすと決意した鷹山は口で言うだけでは駄目《だめ》だから、九十歳以上の者は藩《はん》から生涯養老金《しょうがいようろうきん》を与える、七十歳以上の者は各村で責任をもって世話をするという制度を立てた。今日の社会《しゃかい》保障制度《ほしょうせいど》の先駆《さきが》けである。

鷹山《ようざん》は二十七歳の時、藩内九十歳以上の人々を招き敬老《けいろう》の式典《しきてん》を行い、お米とお金を与えたが、以後毎年行った。また先代重定《せんだいしげさだ》が七十歳の祝賀《しゅくが》の時、藩内七十歳以上の全ての老人を招きお祝い金を与えたが七百三十人集った。三十年後、鷹山七十歳の時同様の式典を行ったが四千五百人集った。

この悪習も三十年かけて根絶《こんぜつ》した。鷹山の事業はみな三十年がかりであったのである。そこに鷹山の不屈不撓《ふくつふとう》の「誠《まこと》」の心が貫《つらぬ》かれている。

鷹山が目指したもの——理想的天国の実現《じつげん》

米沢藩《よねざわはん》の再建と民百姓《たみひゃくしょう》の幸福の為《ため》に全てを捧《ささ》げた結果、米沢藩は日本一の貧乏藩から日本一立派な藩に生まれ変った。それを象徴《しょうちょう》するものが「棒杭《ぼうくい》の商《あきな》い」とよばれるものである。

鷹山は田舎《いなか》の民百姓《たみひゃくしょう》の為に、日用雑貨品《にちようざっかひん》をおく店を設《もう》けた。しかし店員までおく費用がなかった。そこで店員なしに買い物が出来るように、小さな棒杭《ぼうくい》に品物の値段を記した札《ふだ》をつけておく。人々はその札を見て銭箱《ぜにばこ》にお金を入れて買い物をするのである。その時誰《だれ》一人として品物を盗む者、お金をごまかす者はいなかった。誰も見ていないのだから、不正《ふせい》を働こうと思えば出来るが誰一人としてしなかった。

鷹山《ようざん》が目指したものは一体何《なん》だったのか。それは、「すべての人々を経済的、物質的に安楽《あんらく》、幸福に生活させるだけではなく、精神的、倫理的《りんりてき》、人格的にも立派な人間にすること。人々を道徳的に高め上げること」であった。ただ満足に食べられたらよい、物質的経済的に豊かになればよいというのではなく、それに心の豊かさが伴《ともな》わなくてはならないと考えたのである。鷹山はそれを自分の行う政治の最高の目標としたのである。つまり鷹山は政治・経済と道徳・人心《じんしん》の教化《きょうか》を不可分一体《ふかぶんいったい》のものであるとして、米沢藩《よねざわはん》の再建を推進《すいしん》したのである。

大東亜戦争《だいとうあせんそう》が終って七十年以上すぎた。戦いに敗れて全国の主《おも》な都市が焼け野原にされた。明日《あす》食べるものにもこと欠く中で、日本人は経済の再建に全力をあげて懸命《けんめい》に働いた。その結果、アメリカに次ぐ経済大国にまでなった。経済的、物質的に今日ほど豊かな生活をしている時代はない。豊かでない人がいても餓死《がし》したりはしない。

物は溢《あふ》れている。しかし道徳的、精神的に見た場合、心が貧しくなっていないだろうか。心の豊かさが物質的豊かさを上回《うわまわ》っているといえるだろうか。鷹山《ようざん》の行った米沢藩《よねざわはん》の再建はそれを今日の人々に問いかけている。現在の日本人は本当に幸せですか。人間の本当の幸福は何ですかと。戦後の七十数年間、わが国は「経済一辺倒《いっぺんとう》」「経済至上《しじょう》主義」（経済を中心にしてほかをかえりみないこと）で突《つ》っ走《ぱし》ってきた。しかし経済的、物質的に豊かになることだけが人間の幸せではないということに、ようやく今多くの人々が気づいている。経済再建だけに偏《かたよ》ると倫《りん》理《り》、道徳が廃《すた》れ人間の心が貧しくなる。

鷹山は最初から民百姓《たみひゃくしょう》を経済的に豊かにするだけではなく、最終の目標を人間の心を豊かにする人間の道徳的向上におき教育・教化《きょうか》に三十年五十年の努力を傾《かたむ》け、ついにこれに成功したのである。それが「棒杭《ぼうくい》の商《あきな》い」となったのである。

つまり鷹山《ようざん》は米沢藩《よねざわはん》に理想的天国を実現しようとしたのであったが、ほとんどそれに成功したのである。内村鑑三《うちむらかんぞう》は『代表的日本人』の鷹山の章の最初にこう書いた。

「天国は我らのこの貧しき地球上にては不可能な事であろうか」

この本を読んだのは欧米のキリスト教国民である。「キリスト教では、天国はこの世の争いのたえない醜《みにく》い社会の中では実現不可能であるとされている。しかし日本の米沢藩では、あなた方が不可能とする天国ないしそれに近いものが確かに実現されたのですよ」と内村は言ったのだ。これに対して欧米《おうべい》の心ある人々が感銘し、ケネディのような人も出たのである。

奇跡的再建《きせきてきさいけん》になぜ成功したか

鷹山が奇蹟的再建に成功した理由を三つあげよう。

まず第一、何よりも鷹山の人格、藩主《はんしゅ》としての姿勢が立派ですぐれていたこと。

つまり「民《たみ》の父母」の自覚のもと米沢藩再建と民百姓《たみひゃくしょう》の幸福を神かけて願い、

五十数年間無私献身《むしけんしん》の誠《まこと》の心をもって生涯《しょうがい》を貫いた高貴《こうき》な精神と姿勢にある。

米沢藩《よねざわはん》の士民《しみん》はこのような鷹山《ようざん》を心から仰《あお》ぎ敬《うやま》い、唯一《ゆいいつ》の希望とし救いとしてその指導に心服《しんぷく》して再建に尽力《じんりょく》したのである。数十年間の衰退《すいたい》の中、絶望しかなかった民百姓は、お館様《やかたさま》について行けば私たちは救われるかもしれない、米沢藩は再建できるかもしれないと思ったのである。指導者にとり最も大切なことは、その国民、その民百姓からこの人は信頼できる、この人について行けば間違《まちが》いないという信頼感を抱《いだ》かせるかどうかにかかっている。米沢の士民《しみん》はただただ鷹山を信じて幼《おさ》な児《ご》が母に対するがごとくすがりついたのであった。鷹山のひたすら士民《しみん》を思ってやまぬ神のごとき気高い姿勢に、人々は渇仰《かつごう》(厚く信仰しあこがれ慕うこと)の思いでつき従ったのである。

二つ目は、「藩再建《はんさいけん》の根本である人心《じんしん》の立直《たてなお》し、人心の教化《きょうか》に成功したこと」である。藩《はん》の再建、農業を始めとする経済の再建において一番大切なことは何か。また改革《かいかく》において最も重要なことは何か。それは、「再建、改革あるいは経済の立直《たてなお》しにおいて根本となるものは結局、人間の心の立直《たてなお》しつまり人間の道徳的向上・人心の教化《きょうか》にある」ということである。鷹山《ようざん》はこの精神に立ってその指導に肝胆《かんたん》を砕《くだ》いた。今日「経済」の言葉は諸産業、金のやりくり、財政などの狭い意味に使われているが、本来は「経世済民《けいせいさいみん》」といって世《よ》を経《おさ》め民《たみ》を済《すく》うというのが真の意味で、そこには人心《じんしん》の立直《たてなお》し・教化《きょうか》が含まれている。その狭い意味の経済の再建は経済だけに目を向けているだけではできない。経済を成り立たせるには広く深い土台《どだい》、基盤《きばん》が必要である。それは社会の健全《けんぜん》さ、治安《ちあん》の良さ、国民の教育程度、国民の精神、国民性、あるいはその国の歴史・伝統・文化・宗教等だが、これが立派ですぐれていないと経済は決して良くならない。これらの土台、基礎の根本を一言でいうと道徳である。「道徳という土なくして経済の花は咲かない」という言葉があるが、人々の道徳的向上《どうとくてきこうじょう》の為、教育・教化《きょうか》が必要不可欠《ひつようふかけつ》となる。鷹山はここに心を深くとどめて、藩校興譲館《はんこうこうじょうかん》を創立《そうりつ》した。藩主《はんしゅ》になって十年目、赤字財政の苦しい時にそうしたのである。興譲《こうじょう》という意味は、謙譲《けんじょう》の徳《とく》を振《ふる》い興《おこ》すこと。恩師《おんし》の細井平洲《ほそいへいしゅう》につけてもらった。鷹山は平洲《へいしゅう》を三度も米沢《よねざわ》に招き長期間、藩士《はんし》だけではなく民百姓《たみひゃくしょう》にも教育してもらった。平洲が及ぼした感化《かんか》は実に大きかった。

三つ目は、「五十数年間の撓《たゆ》まざる努力と忍耐《にんたい》」である。不撓不屈《ふとうふくつ》の努力のお手本が鷹山《ようざん》である。「事は速成《そくせい》を望むべからず」。鷹山の言葉である。小さなことは短期間で出来るが、困難を伴《ともな》う大事業は功《こう》を求めて急いでやろうとしたら必ず失敗する。長年、忍耐強くやりなさいというのだ。金言《きんげん》である。いかなる大事業もこの言葉が当てはまる。またこういっている。「およそ物事《ものごと》は一時《いちじ》に成り立つものではなく、また一時に廃《すた》れくずれてゆくものでもない。時間をかけて段々に興《おこ》り、また段々に廃《すた》れるものである」

良いことも悪いことも一気にそうなるのではなく、長い時間をかけてそうなってゆく。今日の社会と人心《じんしん》の荒廃《こうはい》もまたそうである。だからあせらず急がず長期間、倦《う》まず撓《たゆ》まず根気《こんき》よく忍耐強く物事を行うことが大切とのべているのである。二宮尊徳《にのみやそんとく》も同じことを言っている。

「およそ事《こと》を成さんとして成就《じょうじゅ》しないのは、すみやかに完成させることを欲して、一気にそれをやり遂《と》げようとするからである」

大事業は決して焦《あせ》ってはならない。江戸時代の二大改革者《にだいかいかくしゃ》の言うことは全く一致している。すべて価値ある事業は一朝一夕《いっちょういっせき》に成《な》らず、長い年月《としつき》を要《よう》する。

4、鷹山《ようざん》の至誠《しせい》の人格

藩士《はんし》への思いやり・放火少年への涙

さらに鷹山の至誠（深い誠《まこと》の心・真心《まごころ》）にもとづく人間愛の数々をのべよう。藩《はん》主《しゅ》になって初めてお国入《くにい》り（それまで江戸で生活）した時のことである。多くの藩《はん》士《し》の手によって新しい橋が出来上った。そこで鷹山が渡《わた》り初《ぞ》めをした。鷹山は江戸から大名《だいみょう》行列《ぎょうれつ》で駕籠《かご》に乗り米沢《よねざわ》城下に来てから馬に乗りかえる。多くの藩士と民百《たみひゃく》姓《しょう》たちが初めて馬上《ばじょう》の鷹山を仰《あお》ぐのである。橋のそばまで来ると鷹山は下馬《げば》して橋を渡った。普通は乗馬《じょうば》したままで渡る。当時、高貴《こうき》な身分《みぶん》の人《ひと》は人前《まえ》では歩かない。馬に乗るか駕籠《かご》に乗るかである。どうしてそうしたのか。鷹山《ようざん》はこう言っている。

「武士の手によって作られたこの橋をどうして馬の足で渡れようか」

汗水《あせみず》流して作り上げられた藩士《はんし》の手になる橋を馬の足で渡ることは藩士たちにすまない、申し訳ないと思ったのである。藩主《はんしゅ》が馬に乗ったまま渡《わた》り初《ぞ》めをすることは当然であり、誰一人《だれひとり》疑問を持たない時代であったが鷹山はこうしたのである。

あるとき放火《ほうか》少年が捕《つか》まった。江戸時代、放火は重罪《じゅうざい》でどの藩《はん》もみな火あぶりの刑である。十字の木にはりつけにされ下から火で焼かれもがき苦しんだ上、槍《やり》でとどめを刺《さ》される。そして一定の期間晒《さら》し首《くび》にされる。人々に大きな災難《さいなん》をもたらすひどいことをしたら、その報《むく》いとして火あぶりにされこういう目にあうのだぞと深い戒《いまし》めを与えたのである。

放火少年を取調《とりしら》べてみると、その少年は父と二人暮しだが、父は長らく病床《びょうしょう》に伏《ふ》していた。少年は働いていたがわずかな給料しかなく貧窮生活《ひんきゅうせいかつ》が続いていた。父思いの少年は何とかおいしいものを食べさせてあげたいと思い、勤め先で盗みを働きその形跡《けいせき》をくらます為《ため》に放火したのであった。

　犯罪者に最終的に罪科《ざいか》を下《くだ》すのは藩主《はんしゅ》だが、鷹山《ようざん》は病気の父においしい物を食べさせたい一心でこの罪を犯した少年の父親を深く思う孝心《こうしん》（親を深く敬い大切にする心）を憐《あわれ》み涙するのである。死刑はあまりにもかわいそうではないか。何とか死刑を避《さ》ける道はないのかと再審議《さいしんぎ》を命じた。ところが家老《かろう》たちは、お館様《やかたさま》のお気持はよく分《わか》りますが法は曲《ま》げられませんと言う。江戸時代は立派な法治国家《ほうちこっか》だった。そこで鷹山が臨席《りんせき》して審議《しんぎ》が行われた。その結果、鷹山の少年を憐《あわれ》む気持を尊重《そんちょう》して、罪一等《つみいっとう》を減《げん》じて火あぶりなしの死刑と決まった。

　少年は死刑となりそのあと晒《さら》し首《くび》である。ところが二、三日もしないうちにその首はどこかに消えた。人々は少年に同情する人がその首を盗んで埋《う》めてやったと思ったが、実は鷹山がひそかに部下にあの首をいつまでも晒《さら》しておくな、早く埋《う》めてやれと命じたのである。

鷹山《ようざん》はこの放火少年を出したことを、藩主《はんしゅ》として自分の責任と思ったのである。私の行う藩政《はんせい》がまだまだよくないからこうなるのだ。「民の父母」として全ての民百姓《たみひゃくしょう》を幸せにしなければならない自分の政治がまだ隅々《すみずみ》にまで行き届《ゆとど》いていないから、「わが子」である少年にこの罪を犯させたのだという深い自責《じせき》と反省の念である。鷹山はまことに神の心の持主《もちぬし》であった。

薄幸《はっこう》の妻への至情《しじょう》と側室《そくしつ》お豊《とよ》の方《かた》

鷹山は十九歳の時、重定《しげさだ》の娘十七歳の幸姫《よしひめ》と結婚した。ところが幸姫は心身ともに発育不全《はついくふぜん》の重度《じゅうど》の心身障害者《しんしんしょうがいしゃ》だった。体は子供のままであったから、夫婦生活はできず子供を生むこともできない。鷹山はこのような女性と夫婦になったのである。普通の人間なら、とても一緒《いっしょ》になれません、お断《ことわ》りしますということになる。ところが鷹山は少しも不平不満に思うことなく、幸姫に深く同情し敬愛《けいあい》の限りを尽《つ》すのである。

毎日忙しい仕事の合間《あいま》をみては必ず幸姫《よしひめ》の部屋を訪《おとず》れた。そうして人形《にんぎょう》や玩具《がんぐ》、折紙《おりがみ》などで遊び相手になるのである。幸姫はそれしかできない。夫婦の会話などはできない。幸姫は毎日、鷹山《ようざん》がやってきて遊んでくれることを無上《むじょう》の悦《よろこ》びとした。いつも声をあげて遊び戯《たわむ》れた。この二人の姿を見て幸姫のそばで世話をする腰元《こしもと》(女性の召使《めしつかい》)たちはいつもかげで泣いた。一つは幸姫が心から楽しくはしゃぐ姿を見ての嬉《うれ》し涙である。もう一つは少しの不満を見せることなく遊び相手になり、妻として務《つと》めを果《はた》すことができない幸姫を心からいたわって敬愛《けいあい》する鷹山の心底《しんてい》を思っての悲しみの涙である。とうてい普通の人間に出来ることではなかった。こういう女性をお嫁さんにしろといわれて、はいという人はいない。幸姫は三十歳で亡くなるが、鷹山とともにあった十三年間は至福《しふく》そのものであり、幸姫にとり鷹山は最高の夫《おっと》であったのである。

しかしこれでは後継《あとつ》ぎの子供が出来ないので、二十歳のとき上杉家親族《しんぞく》の息女《そくじょ》を側室《そくしつ》(正室《せいしつ》以外の夫人)とした。お豊《とよ》の方《かた》とよばれたが三十歳、十歳も年上の女房《にょうぼう》である。幸姫《よしひめ》の死後、本来ならば代りの正室《せいしつ》(正式の夫人)を迎えなければならないが、鷹山《ようざん》は私にはお豊《とよ》の方《かた》があるからいらないとことわった。二人は真に敬愛《けいあい》し合い二人の子供を授《さず》かったが若死《わかじに》した。彼女は八十一歳まで長命《ちょうめい》だった。女性に対する態度も非《ひ》の打ち所のない鷹山であった。

五十数年間脇目《わきめ》もふらず士民《しみん》の為《ため》に尽した鷹山の楽しみは何だったのだろうか。酒色《しゅしょく》(飲食と女性)に溺《おぼ》れず娯楽《ごらく》に心を移さなかった鷹山の一番の楽しみは読書、学問であった。鷹山は藩主、指導者にとり何より大切なことは学問であると信じた。その学問とは何かというと、人間の正しい生き方を学ぶことと歴史である。国家はいかにして興隆《こうりゅう》しいかにして衰退《すいたい》するか、君主《くんしゅ》、指導者は「民《たみ》の父母」としていかに己《おの》れの人格を磨《みが》き高め上げるかということを、日本やシナの書物を通して生涯学び続け自分自身を反省し続けたのである。どんなに多忙《たぼう》の時もこの学問、読書につとめないことはなかった。いつも夜《よ》が更《ふ》けるまで読書を続けるので、「お館様《やかたさま》、お体にさわりますのでほどほどに」と側近《そっきん》の者が言うと、「いやいや止《と》めてくれるな。私は書物に接するとかえって心胸《しんきょう》がまことに爽《さわ》やかになるのだ。これが私の一番の楽しみなのだ」。そして鷹山はこういうのだ。

「千万句《せんまんく》もいらず、ただ人君《じんくん》は学術《がくじゅつ》（学問）に止《とど》まり候《そうろう》」

君主《くんしゅ》・藩主《はんしゅ》・指導者に最も大切なことはただひたすら本当の学問をすることだけだという意味である。そしてその学んだ大切なことを実践《じっせん》することだと言っている（返す返すも学問は篤行実践《とっこうじっせん》）。

教育者・鷹山《ようざん》

江戸時代を代表する名君《めいくん》である鷹山はまたすぐれた教育者でもあった。後を継いだ治広《はるひろ》や先代重定《しげさだ》の子どもたちに対して懇切丁寧《こんせつていねい》に人の道を説いた。まず治広《はるひろ》への訓戒《くんかい》から。

「常に心に誠《まこと》と申す字を忘れないで下さい。何事も何事も心の底より出るよう心《こころ》懸《が》けて下さい」

「藩主というものは部下、民百姓《たみひゃくしょう》を不憫《ふびん》（慈愛《じあい》の心、あわれむべきこと、かわいそうなこと）に思うこと以外にはありません。心の底から人々を不憫《ふびん》に思うことから、万徳万行《ばんとくばんぎょう》（あらゆるすぐれた道徳と行い）も生まれてきます」

「いかなる家臣《かしん》であっても藩主《はんしゅ》の為を思い諫言《かんげん》（主君に対する諫《いさ》めの言葉）をしてきた時は、たとえそれが自分に納得《なっとく》できないことであっても、嬉しく思いよく言ってくれたと聴いてやることが大切です。またその者の諫言《かんげん》が正しくてもその者の行いが言うこととは別で言行不一致《げんこうふいっち》であったとしても、その者をさげすんではなりません。その言うことが道理《どうり》にかなっていると思うならそれを用《もち》いて下さい」

「まわりの者に語る言葉はしとやかに（上品で落ち着いていること）、立回《たちまわ》り（行動、振舞《ふるまい》）はしずかに、家臣に難儀《なんぎ》（わずらわしいこと、迷惑《めいわく》）をかけぬよう心がけて下さい」

家臣《かしん》・民百姓《たみひゃくしょう》への誠《まこと》の心、慈愛《じあい》の心、諫言《かんげん》を快《こころよ》く受けいれること、言葉と振舞《ふるまい》について最も大切な心構《こころがま》えを書き記して、これを朝夕読むべしと教えたのである。鷹山《ようざん》は家庭教育を最も重視して心を砕《くだ》き、治広《はるひろ》らの教育に当《あた》る家臣にこうのべている。

「世子《せいし》（藩主《はんしゅ》の後継者）を育てる道は、第一に孝悌《こうてい》の徳（父母を大切に孝行《こうこう》することと、兄弟を敬愛すること）をいざなうべきこと。次には驕慢《きょうまん》の心、吝嗇《りんしょく》の気《き》が増長《ぞうちょう》しないようにし、人々に対して恕《じょ》（思いやり、いつくしみ、仁愛《じんあい》の心）の心をもつことをもっぱらにして育て上げること。驕慢《きょうまん》とは気も心も高ぶって人をあなどり軽《けい》蔑《べつ》し、すべての者を目下《めした》にのみ見るようになること。吝嗇《りんしょく》とは財宝《ざいほう》をむさぼり、人に対してはけちで物おしみすることとです」

やがて他家《たけ》に養子に出る重定《しげさだ》の第四子に与えた訓言《くんげん》の一つ。

「孝《こう》は百行《ひゃくこう》の本《もと》、万善《ばんぜん》の先《さき》（あらゆる善行《ぜんこう》の中で最も大きなもの）といいます。この世に生まれた人の身《み》はみな父母から生《しょう》じます。父母は私たちの身体の本《もと》ですから、父母によく事《つか》え大切に孝行《こうこう》を尽《つ》くすことが、何よりも根本第一であります」

鷹山《ようざん》は先代重定《せんだいしげさだ》に身《み》をもって孝行を実践した。重定は四十すぎに隠居《いんきょ》し七十七歳まで長生きした。米沢藩《よねざわはん》が衰退し再建不可能となり幕府に領地《りょうち》を返上しようとまでした人で決してすぐれた殿様《とのさま》とはいえなかった。だが鷹山は重定に真心と敬愛の限りを尽《つ》くして大切にいたわった。毎日必ず午前十時、重定の屋敷に行き挨拶《あいさつ》を欠かすことはなかった。鷹山の屋敷から四百メートルほどあるが雨が降ろうと雪が積もろうと行かぬ日はなかった。重定《しげさだ》は一日でも鷹山《ようざん》に会わない日があれば心楽しくはなかった。重定は養子である鷹山を実《じつ》のわが子の様《よう》に心の底から親愛してやまなかった。恩師の細井平洲《ほそいへいしゅう》は鷹山の孝行に深く感嘆《かんたん》してこうのべている。

「さてもさても至孝《しこう》（最もすばらしい親孝行）の性《せい》（性質）、万民感戴《ばんみんかんたい》（感激してありがたくおしいただくこと）、これこそが第一の君徳《くんとく》（藩主《はんしゅ》のふみ行うべき大切な道）にござ候《そうろう》（ございます）。老公《ろうこう》（鷹山）の徳はとても筆紙《ひっし》に尽《つく》し難《がた》し」

そのほか子女《しじょ》たちへの訓言《くんげん》をかかげよう。

「人間がりっぱな道徳を身《み》につけるには、耳と目の二つを導くことが大事です。幼い子供にはただひたすら善いことを見せ、善い言葉を聞かせるならば、水が地にしみ通る様《よう》に自然に子供は善《ぜん》に染《そ》まりその本性《ほんしょう》を養い育て、やがて倫理道徳の教えを施《ほどこ》せば、大雨が砂地《すなじ》の中に流れ入るようにそれを深く身《み》につけることができます」

「常々人の行う善いことをほめたたえ、悪いことは決して口に出してはなりません。人の粗忽《そこつ》（そそっかしい行為）、仕落《しお》し（失敗、しくじり）などについて笑い話をしてはなりません」

「人は堪忍《かんにん》（忍耐《にんたい》、辛抱《しんぼう》）することが第一です。忍《にん》という徳は万善《ばんぜん》の基《もと》です」

「人を見下《みくだ》すこと、驕慢《きょうまん》といって甚《はなは》だしき不徳《ふとく》です。何事も人を先としておのれを後《あと》として下さい」

「くれぐれも教えは数少なく要《よう》を得《う》る（大切な点をはっきりさせる）ことです。詞《ことば》をもってせず物をもってすることです（口でいうことよりも身をもって行動、態度で教えることが大切）」

「身の禍《わざわ》いは言葉が多すぎるところから出て来ます。一言《ひとこと》のあやまちから万事《ばんじ》が破れるいうこともあるので、あなかしこ（慎むべきことだ）、言葉を深く慎《つつし》むことが大切です」

「朝夕人の言うことを顔色を和《やわ》らげてよく聞き受け、決してそんなことは聞きたくないという心をもってはなりません」

「舅姑（しゅうと、しゅうとめ）は天より我《われ》に授けられた家の親ですから、つまりはわが父母であります。その舅姑へのつかえ方は愛と敬の二つにとどまります。舅姑をまことの心でいとおしく大事にする心が大切であり、少しも偽《いつわ》りなく真心をもってつかえて下さい」

「子に親を親愛する心があるならば必ず和気《わき》（あたかかくやわらかくおだやかな気持）がその身《み》にただよいます。和気《わき》があれば必ず愉色《ゆしょく》（よろこばしげな顔色）があります。愉色《ゆしょく》があれば必ず婉容《えんよう》（女性らしい柔和《にゅうわ》なやさしい容貌《ようぼう》、表情、すがた）があります。和はやわらぐと訓《よ》んで荒《あら》き気《け》なきを言います」

最後の二つの言葉は、他家《たけ》に嫁に行く重定《しげさだ》の娘に与えたもので、嫁として舅姑（しゅうと、しゅうとめ）にいかにつかえるかを教えさとしたものである。

いずれもみな深く教えられることばかりである。鷹山《ようざん》が年少時から積《つ》み重《かさ》ねた修養《しゅうよう》がいかに並々ならぬものであり、その結果培《つちか》われた高貴な人格、品性《ひんせい》が傑《けっ》出《しゅつ》したものであったかがわかる。

これまでのべてきたように、上杉鷹山《うえすぎようざん》は人間としてはほとんど非の打ちどころのない稀有《けう》の人格者であったが、同時に日本人としても何一つ欠けることのない人物であり、文武両道《ぶんぶりょうどう》の真《しん》の武士であった。そうして真の日本人がみなそうであるように、天皇を敬《うやま》い朝廷《ちょうてい》を仰《あお》ぐ心が深かった。

文化《ぶんか》十四年（一八一七）九月、仁孝《にんこう》天皇御即位《ごそくい》の大礼《たいれい》が行われた時、鷹山《ようざん》は家老《かろう》を奉賀使《ほうがし》として上京させている。当時幕府は諸藩に節倹《せっけん》の厳命《げんめい》を下《くだ》していた折《おり》なので諸藩は奉賀使の上京を遠慮したが、鷹山はひるむことなく断行《だんこう》した。

また当時、寛政《かんせい》の三奇人《さんきじん》として名高い高山彦九郎《たかやまひこくろう》が、鷹山の名声《めいせい》を慕《した》い米沢《よねざわ》にやってきている。高山彦九郎は勤皇《きんのう》の士《し》として明治維新《めいじいしん》の先駆者《せんくしゃ》として仰《あお》がれる人物だが、このとき鷹山は高山に会い時勢《じせい》について語り合っている。二人は勤皇《きんのう》の志《こころざし》において強く共感共鳴《きょうかんきょうめい》し合った。

老臣《ろうしん》三好重道《みよししげみち》の訓戒《くんかい》

鷹山はどうしてこんなにもすぐれた人物であったのであろうか。一つは天から授かった素晴らしい素質があったからである。しかしいかに立派な素質をもって生まれてきても、それは磨《みが》き上げなければ光は出ない。その為《ため》には良き師が必要だが、鷹山《ようざん》には二人のすぐれた師がいた。その一人が鷹山の出身藩である秋月《あきづき》家《け》の老臣《ろうしん》、三好重道《みよししげみち》である。三好は秋月藩主《あきづきはんしゅ》の信頼厚い家老《かろう》、忠臣《ちゅうしん》であったが、鷹山が上杉家《うえすぎけ》の養子になることが決まった年、やがて米沢藩主《よねざわはんしゅ》として士民《しみん》にのぞむ上の基本的な心構えについて、真心をこめて書き上げた訓戒《くんかい》（教えいましめること）の文章を差し上げた。鷹山が九歳のときである。その主《おも》なところ。

「人間は誰でもみな天あるいは神より明徳《めいとく》（高く尊い徳性《とくせい》、つまり人間の本質である神性《しんせい》〈神の心〉、仏性《ぶっしょう》〈仏の心〉）を受けております。それゆえその明徳が蔽《おお》われ曇《くも》らない様《よう》にご修行《しゅぎょう》（学びつとめること）なされます事が最も大事であります」

「恩《おん》を忘れず恥《はじ》を知り人道《じんどう》（人間がふみ行う正しい道）をよくご理解し、四書《ししょ》（論語《ろんご》・大学《だいがく》・中庸《ちゅうよう》・孟子《もうし》）、小学《しょうがく》、近思録《きんしろく》のご学問を生涯《しょうがい》怠《おこた》りなくなされます様《よう》願い奉《たてまつ》ります」

「善と悪は並び立つものではありません。善の方に進めば悪は退《しりぞ》き、悪が行われるならば善は滅《ほろ》びてしまいます。従ってかりそめにも悪事に傾《かたむ》くことをなされず、善い事に身《み》も心もお染《そ》め下さいませ」

「私は至《いた》らぬ者でありますが家老《かろう》を勤《つと》める身《み》でありますので、末々《すえずえ》まで公子《こうし》（鷹《よう》山《ざん》のこと）の御繁栄を願い、ご成長の後も折々《おりおり》この文章をご覧《らん》下さいまして、藩《はん》主《しゅ》として政治を行う上に少しでもお為《ため》になるならばこれほど有難いことはございません。愚《おろ》かな誠をもって書き綴《つづ》りました事を謹《つつし》んで進呈《しんてい》いたします」

翌年、いよいよ養子入りした鷹山に、三好《みよし》は再び訓戒《くんかい》の書をさしだした。

一、兼々《かねがね》お父君《ちちぎみ》の御庭訓《ごていきん》（教訓《きょうくん》）のごとく、忠孝《ちゅうこう》の御事《おんこと》第一のお勤《つと》め片時《かたとき》もお忘れになってはなりません。
一、御学問、御武芸《ごぶげい》は忠孝の基《もと》でありますので、ご懈怠《けたい》（怠《なま》けること）なされてはなりません。
一、大臣《だいじん》は御国《おくに》の柱必ずお用《もち》いなされ、小臣《しょうしん》といえども異意《いい》（色々な意見）を申す者があれば必ずお悦びお受けいれなさる様《よう》にして下さい。諫言《かんげん》を納《い》れることは人君《じんくん》の美徳《びとく》であり、諫言《かんげん》をのべる家臣《かしん》は戦場の一番槍《いちばんやり》の功《こう》より優《まさ》るといわれております。このことを深くご覚悟《かくご》下さい。

一、人君《じんくん》、藩主《はんしゅ》たるものは寛仁大度《かんにんたいど》と申しまして、ゆったりとして人を憐《あわれ》み、胸中《きょうちゅう》広く人を疑うことなく、何事《なにごと》もあくみ（人や物事に対して悪意をもって見ること）のないようお心懸《こころが》け下さい。

ご自身の身《み》の振舞《ふるまい》かた、平生《へいぜい》の行いにおいて最も大切なことは、「敬《けい》の一字《いちじ》」でございます。敬というのはむつかしいことではありません。お心の向け方を正直にして、人間の心の本《もと》、本心（神性《しんせい》、仏性《ぶっしょう》のこと）をしっかりと自覚し、心を乱さない様《よう》にして、立居振舞《たちいふるまい》を立派にし影日向《かげひなた》なく油断《ゆだん》しないことが敬《けい》ということであります。この「敬の一字」を生涯守り抜くならば、もろもろの邪悪《じゃあく》を除くことができます。敬は百邪《ひゃくじゃ》に勝つと古人《こじん》（昔の人）がのべております。

一、藩主《はんしゅ》として人の上にお立ちになるあなた様は、何事も謙退《けんたい》（へりくだること、謙遜《けんそん》、謙虚《けんきょ》）深く、我《われ》に智恵《ちえ》ありと思《おも》い上《あが》ってはなりません。とかく下の者はおべっかを使いますので、大体、藩主《はんしゅ》は自分は知恵の深い者と己惚《うぬぼ》れてしまうことから、万《よろず》の悪事《あくじ》も生じ、家臣《かしん》の諫言《かんげん》も聴きいれないことになります。奢《おご》り(人を見下すこと、ぜいたく)を禁じ倹約《けんやく》を守って、人々に施《ほどこ》したことはしてやったぞと思ってはなりません。人から受けた恩は決して忘れてはなりません。善い事はどんな小さなことでも必ず行って下さい。悪事はいかにささいなことでも行ってはなりません。我が身《み》をつねって人の痛さを知ると言います。自分がいやなことは人もまたいやであることを思いやり人にそうしないようにして、あらゆることに思いやりをつくすことが恕《じょ》の道と言って、ご生涯《しょうがい》これを実行することこそ最も大切です。愚かな凡人《ぼんじん》でも自分のことを棚に上げて人をそしり批判します。賢い人でも自分の悪い所、欠点を知る人はまれです。他人を責《せ》める心をもってご自身を責め、ご自身を許す心をもって他人を許す心がけが大切《たいせつ》と古人《こじん》ものべております。

人は身分《みぶん》の上下《じょうげ》にかかわらず天地《てんち》を大父母《だいふぼ》として生まれたものですから、大父母のお心にかなうように心を用いられますことが何より肝要《かんよう》(重要)であります。天地の大父母は何を心とするかといえば、物(人間、自然万物《ばんぶつ》)を育て害《そこな》わず、慈悲《じひ》の心をもって心とし、かりそめにもむごきことを好まず、君を敬《うやま》い父母に孝《こう》し、衆人《しゅうじん》を憐《あわれ》むに至《いた》るまでみなこの意《い》（天地の万物を育てる慈《じ》悲《ひ》の心）にあらざるものはありません。それゆえ、人の君《きみ》となりて仁《じん》（仁愛《じんあい》、慈悲《じひ》、いつくしみ）に止《とど》ると申します。人君《じんくん》、藩主《はんしゅ》の道に至《いた》る最も大切なことであります。

老臣《ろうしん》三好重道《みよししげみち》が、鷹山《ようざん》が名君《めいくん》になることを心から祈り、神かけて心血《しんけつ》を注《そそ》いで綴《つづ》った訓戒《くんかい》である。他家《たけ》の養子となる鷹山の大成《たいせい》を願うこの様《よう》な忠臣《ちゅうしん》が昔はいたのである。鷹山は一生この書を座右《ざゆう》より離さず、日々《ひび》自らを省みた。この書は今なお上杉家に伝えられている。

生涯《しょうがい》の恩師《おんし》細井平洲《ほそいへいしゅう》の感化《かんか》

もう一人の生涯の恩師が細井平洲である。平洲は尾張《おわり》（愛知県）出身の江戸時代を代表する人格、学問ともすぐれた類《たぐ》い稀《まれ》な学者であり教育者であった。鷹山《ようざん》は十四歳から五十一歳の時まで三十七年間平洲《へいしゅう》に学んだ。

平洲が鷹山に教えたことは、君主《くんしゅ》、藩主《はんしゅ》としての根本の姿勢、心構《こころがま》えである。それは君主が身《み》につけなければならない道徳、倫理《りんり》で「君徳《くんとく》」と言った。藩主は君徳を長養《ちょうよう》（育て養うこと）することが第一として鷹山にこう教えた。

「君徳とは何をいうのでしょうか。藩主の様《よう》に身分《みぶん》の高い人であっても決して驕《おご》りたかぶることなく、米沢藩《よねざわはん》十五万石の富にも奢《おご》ることなく、君《きみ》は万民《ばんみん》の父母となるのでなければ、天あるいは神に奉仕《ほうし》する職分《しょくぶん》（藩主としての役目）をしっかりと勤《つと》めることにならず、上杉家の祖先に対する孝道《こうどう》に背《そむ》くことになるということを露《つゆ》の間《ま》もお忘れにならず、雨の降り風の吹くにつけても、一筋《ひとすじ》に民百姓《たみひゃくしょう》の上《うえ》のみ案《あん》じ給《たま》いて、自己の修養反省《しゅうようはんせい》につとめ、士民《しみん》の生活を豊かにし、正直で質朴《しつぼく》（まごころがあり、偽《いつわ》り、飾《かざ》りがないこと）の臣《しん》を親しみ、忠諫《ちゅうかん》の言《げん》（藩主《はんしゅ》への忠言《ちゅうげん》、諫言《かんげん》）を導き、柔弱《にゅうじゃく》（意志が弱く精神が堅固《けんご》でなく困難に耐《た》えられないこと）佞《ねい》媚《び》（心がよこしまでねじけており口先うまくこびること）の臣《しん》を遠ざけ、面諛《めんゆ》（目の前でこびへつらうこと）の言《げん》をふせぐことです。

そうして先祖の功績《こうせき》に傷をつけない様《よう》にしっかり守り、子孫の興隆《こうりゅう》をはかり、老人を敬愛し幼い者を憐《あわれ》み、孝悌《こうてい》（親に真心をもって尽《つく》し、兄弟を敬愛すること）の人を賞《しょう》し、鰥寡孤独《かんかこどく》（妻を失った男と夫のいない女、みなしご、みよりのない者）の民を恵《めぐ》み、家臣《かしん》の賢否《けんぴ》をはっきり知り、小さな過《あやま》ちは許し立派な仕事をはげましたたえ、藩内《はんない》の人々の生き方をよくして良風美俗《りょうふうびぞく》（立派な習慣《しゅうかん》、ならわし）を維持《いじ》することに一身《いっしん》の努力を傾《かたむ》け、明暮《あけくれ》たゆみ怠《おこた》りない心をお持ちになることを君徳《くんとく》と申します。君徳は昔の偉大な帝王《ていおう》の遺《のこ》された教えに従うところから増進《ぞうしん》してきますので、それらを学び問うことが何より大切です」

平洲《へいしゅう》は藩主とは一言でいうと、「万民《ばんみん》の父母」であり、藩主は何よりも「一筋《ひとすじ》に民百姓《たみひゃくしょう》の上のみ案じ給《たま》いて、自己の修養《しゅうよう》反省につとめる」ことを教えたのである。そうして藩主《はんしゅ》としてのあり方をていねいに具体的にさし示した。

平洲の講義は毎月六回行われた。平洲は鷹山《ようざん》に常に、「学問の目的は実践の二字にある」ことを教えさとした。鷹山は平洲を心から尊敬し真剣に学び、学んだことを日々の生活において実践することに心を砕《くだ》いた。平洲《へいしゅう》は生涯数千数万の人々を教えたが、最高の教え子こそ鷹山《ようざん》であった。学び始めのころの逸話《いつわ》が残されている。平洲が儒教《じゅきょう》の一経典《きょうてん》『孟子《もうし》』にある「民を視《み》ること傷《いた》めるがごとし」(シナ古代の王が一般の民に対してあたかも傷ついた人を見るように同情しいたわりの心を寄せたこと)について講義したとき、鷹山は深く感動して涙を流した。平洲の教えにより「万民《ばんみん》の父母」となる決意を新たにしていた鷹山であったから、この講義に涙したのである。鷹山の持って生まれた天性《てんせい》が、この慈《いつく》しみの心、仁愛《じんあい》の心であった。二宮尊徳《にのみやそんとく》と共通している。

十七歳で藩主となり十九歳の時初めて米沢《よねざわ》に入《はい》るが、鷹山は平洲にいかなる心持ちで臨《のぞ》めばよいかを尋《たず》ねた。平洲はこう言って励ました。

「仁知勇《じんちゆう》は達徳《たっとく》(高くすぐれた徳)の三《さん》でありますが、そのよく行う所のものは勇であります。勇なるかな、勇なるかな、勇にあらずしてほかに何をもって物事を行うことができましょう。その勇のもとづくところは何かといいますと誠《まこと》であります。何事も誠が根本であり、この誠をもって進むならば必ず物事をなしとげることができます。これこそ鷹山侯《ようざんこう》に私が望むところです。赤ん坊である米沢藩《よねざわはん》の民《たみ》の命は、父母である鷹山侯の一身《いっしん》にかかっております。誠《まこと》なるかな、誠なるかな、全ては誠であります。唯々《ただただ》誠を尽《つ》すだけでそのほかに何もありません」

鷹山の米沢藩再建は、想像を絶する至難《しなん》の道と思われた。渾身《こんしん》（全身）の勇気なくして再建事業を推し進《お》《すす》めることはできない。しかしその勇気は誠から発する。誠が本《もと》である。藩主《はんしゅ》は民の父母との自覚を根本として何事も誠をもって推し進めなさい。誠を尽すほかにありませんという平洲《へいしゅう》の心からの激励であった。平洲が生涯《しょうがい》鷹山に教えたことの根本は結局「誠《まこと》」である。人間として藩主として一番大切なものは誠の心であり、この誠の心をもって「民の父母」として民百姓《たみひゃくしょう》に慈悲《じひ》、思いやりの限りを尽すことを繰返《くりかえ》し教えた。鷹山は平洲のこの教えを生涯肝《きも》に銘《めい》じて米沢藩の再建に尽《つく》したのである。鷹山ほど誠《まこと》を重んじこれを身《み》を以《もっ》て実践した藩主《はんしゅ》はなかった。

平洲が誠と慈悲《じひ》の心と並んで説いたもう一つの大切なことが、慎《つつし》み、謙譲《けんじょう》の心である。藩主《はんしゅ》となって最も注意し戒《いまし》め反省しなければならないのは、驕慢《きょうまん》の心、傲《おご》り高ぶり威張《いば》る心である。貴族《きぞく》の子として生まれると何不自由なく育てられ、何の苦労も知らず、世間の荒波、辛酸《しんさん》（つらい目）も経験せず、忍耐《にんたい》と慎《つつし》みの欠けたわがままな自己中心の人間、馬鹿殿様になりやすい。下々《しもじも》の人々の苦しみ、悲しみ、心の痛みのわからない思いやりを欠く人間、謙虚《けんきょ》さを失った人間になりがちである。これが高い身分《みぶん》に生まれた人がとかく陥《おちい》りやすい欠点である。平《へい》洲《しゅう》は鷹山《ようざん》にこれを強く戒《いまし》めて「徳は遜譲《そんじょう》（へりくだり人に譲《ゆず》ること）より美《び》なるはなく、また驕慢《きょうまん》より不徳《ふとく》なるはなし」と教えた。だから藩校は「興譲館《こうじょうかん》」と名づけられたのである。「誠《まこと》」と「慈悲《じひ》」と「謙譲《けんじょう》」、この三つの教えを鷹山は一生守り抜き身を以て実践した。

珠玉《しゅぎょく》の子弟愛《していあい》

鷹山は平洲を三度米沢《よねざわ》に迎え、士民《しみん》に教えを聴《き》かせた。第一回が藩主《はんしゅ》になって間もない鷹山二十一歳、平洲四十四歳の時である。この時、鷹山は自《みずか》ら江戸にある平洲《へいしゅう》の自宅に訪れて米沢行《よねざわゆき》を懇請《こんせい》した。平洲は鷹山《ようざん》の至誠《しせい》に感泣《かんきゅう》して約一年間精根《せいこん》を尽《つく》して教えた。平洲は「一命《いちめい》を限りに相勤《あいつと》めた」と言っている。

二回目は鷹山二十六歳、平洲四十九歳の時である。平洲は武士のみならず民《たみ》百姓《ひゃくしょう》にも教えた。多いときは一回で何百人もの人々に隅々《すみずみ》まで届く大音声《だいおんじょう》で人の道を説いた。平洲の講演に涙を流さない人はいなかった。ある日興譲館《こうじょうかん》で町人約三百人に話をした。話が進むにつれ人々は深く感動、涙を流しやがてみな頭を畳につけてすすり泣いた。終ってみると畳は水をこぼした様《よう》になっていた。平洲の講演はいつもこうであった。聴く人々はみな泣いたが、平洲もまた泣いて語ったのである。平洲は「私も勿論《もちろん》涙をかみまぜ申し聞かせました」と言い、話す人間が真《しん》に心をこめて涙を流して語るのでなければ、聞く人も感動して涙をこぼさないとのべている。その当時、人間の倫理《りんり》道徳を人々に説く最高の教育者、語り手が平洲であったのである。約半年間の教育を終えて帰途《きと》につくとき、米沢の庶民《しょみん》たちはみな外に出て雪の上に平伏《へいふく》して涙を流して平洲を見送った。平洲は「私もただ涙にむせびました」と言っている。平洲は米沢藩の士民《しみん》からこれほど敬愛され仰慕《ぎょうぼ》されたのである。この時、鷹山《ようざん》は参勤交代《さんきんこうたい》で江戸にいた。平洲《へいしゅう》が江戸に戻ったとき、鷹山は平洲の自宅に来て「一国万人《いっこくばんにん》の総名代《そうみょうだい》として御礼《おれい》に参《まい》りました」とのべた。平洲は鷹山の誠意に泣いた。

最後が鷹山四十六歳、平洲六十九歳の時である。藩主となってから約三十年、米沢藩《よねざわはん》は立派に再建されて繁栄に向っていた頃である。鷹山はもう一度、平洲に来てもらいたかった。平洲も最晩年《さいばんねん》を迎えて最愛の教え子に会いたかった。平洲は「生涯今一度《しょうがいいまいちど》、老侯《ろうこう》(鷹山)へ面謁致《めんえついた》したき本心《ほんしん》」とのべている。二人はもう十年以上会っていなかった。

平洲が米沢近くにたどり着いた日、鷹山は城下はるか郊外《こうがい》五キロの路上《ろじょう》で恩師を出迎えた。当時このようなことはありえないことである。それは身分《みぶん》が違うからである。いかに尊敬する師でも、鷹山の住む御殿《ごてん》の玄関に出て迎えるのが精一杯《せいいっぱい》である。誠《まこと》の極《きわ》みの行為であった。

老齢《ろうれい》の平洲は門弟三人を連れて駕籠《かご》に乗ってやってきた。門弟は鷹山が路《みち》に立っているのに気づき、「先生、大殿様《おおとのさま》が路上でお迎えです」と言った。びっくり仰天《ぎょうてん》した平洲《へいしゅう》はすぐ駕籠《かご》からとび降りて足早《あしばや》に一歩一歩進んだ。心の底から感動がこみ上げた。身分の差を飛びこえてそこまでして自分に敬意を捧《ささ》げ真心《まごころ》を尽す鷹山《ようざん》に心が揺さぶられるのである。二人の感動的再会を平洲は後に江戸の親友にこう伝えている。

「侯《こう》(鷹山)は道の真中《まんなか》に立って待っておられました。私の気持としては地べたに平伏《へいふく》してご挨拶《あいさつ》したかったのですが、もしそうするなら侯《こう》もまた地《ち》に平伏《へいふく》して挨《あい》拶《さつ》することは間違《まちが》いありませんので、やむなく体を深く折《お》り曲《ま》げ最敬礼《さいけいれい》いたしました」

もし自分が土下座《どげざ》してあいさつするなら、真心のかたまりのような鷹山侯は必ず土下座してあいさつするに決まっている。このとき道路の両側には少し離れて多くの民百　姓《たみひゃくしょう》が坐《すわ》って二人を見詰《みつ》めていた。生神《いきがみ》さまと仰ぐ大殿様《おおとのさま》が最も尊敬する平洲先生を路上で迎えるというので、その感動の出会いをぜひ拝見《はいけん》しようと近隣《きんりん》の民百姓が詰《つ》めかけていたのである。

「言葉が詰《つ》まり一言《いちごん》も発することが出来ず涙で顔がぐしゃぐしゃになりました。

細井平洲を出迎える上杉鷹山（「敬師郊迎の図」 米沢市上杉博物館所蔵）

侯《こう》も言葉なく涙で一杯でした」

鷹山《ようざん》の誠《まこと》の限りをつくした出迎えに平洲《へいしゅう》は万感無量《ばんかんむりょう》、言葉なく涙にくれた。

鷹山も同様だった。

「先生、ご無事の到着、何よりでした。ご案内いたしますといって、近くの寺まで三町ほどの坂道を同道《どうどう》しました。侯《こう》は一歩も私より前に出ぬようにして、私の手を引かぬばかりに肩を並べて歩かれました」

この時代、身分《みぶん》、位が違うと並んで歩くことはありえない。鷹山がこれほど尊敬する先生であっても、二、三歩鷹山の後《あと》について歩かねばならない。ところが鷹山《ようざん》は後に下がろうとする平洲《へいしゅう》の手を引かんばかりに肩を並べて歩いたのである。心の底からこの恩師を敬慕《けいぼ》してやまなかったことが分るだろう。

「今日、近隣《きんりん》の村民《そんみん》、老《お》いも若《わか》きも子供ら多くの者が両側に座ってこのあり様《さま》を見ていましたが、みな感激の声をあげすすり泣く声で一杯でした」

二人が久しぶりに対面《たいめん》する喜びの場だから声を出して泣いてはならない。しかし人々は感動のあまり涙を流し声を抑《おさ》えてしくしく泣いたのである。

「侯《こう》の恩徳《おんとく》を人々がいかに高く仰《あお》いでやまないかは、このことでよくわかります。ここに至って私は泣けて泣けてしかたありませんでした（ここにおいて愚老《ぐろう》なる者、あに泣かざるべけんや、あに泣かざるべけんや）」

平洲の涙の文章である。ここに珠玉《しゅぎょく》の美しい師弟愛《していあい》がある。細井平洲《ほそいへいしゅう》のような恩師がいたから、鷹山はこれほどの類《たぐ》い稀《まれ》な人物になりえたのである。

生涯《しょうがい》を貫いた慎《つつし》みと反省

鷹山《ようざん》は人生の最後のときまで修養《しゅうよう》につとめ慎みと反省を忘れなかった。六十九歳の時、時の藩主《はんしゅ》が「大殿様《おおとのさま》、長い間ご不自由をかけました。生活費を増額《ぞうがく》させて下さい」と言ってきた。五十数年間、一年間二百九両《りょう》でやってきたのだが断《ことわ》るのである。その時の言葉。

「太華翁《たいかおう》（名家老《めいかろう》莅戸《のぞき》善政《よしまさ》）が亡くなってからは、自分に忠告《ちゅうこく》、諫言《かんげん》してくれる人がいなくなったので、日常において心がゆるみわがままも出てくることを朝晩恐れています。それなのに生活費が増額されることになれば、なおさら心がゆるみ、しらずしらずわがままになってしまいます。あと残りわずかの人生を何としても、自分は慎《つつし》みを忘れずに生涯を終えたいと思っています。ただただ生活費が二百九両《りょう》のままでわがままを出来ないことが、凡人《ぼんじん》である自分にとって厳しい先生でありますので、どうかこれまで通りにして下さい」

二〇九両《りょう》というのは元々少ない生活費だから、これを三百両にしようと五百両にしようが贅沢《ぜいたく》でもわがままでも何《なん》でもない。藩《はん》の財政《ざいせい》はとっくに黒字となり米沢藩《よねざわはん》は繁栄しているのだから増額に何の問題もなかった。普通だったら喜んで受けるところである。ところが鷹山《ようざん》は断《ことわ》った。自分は凡人だからと言って、生活費が豊かになるとわがままになり慎みを忘れることを恐れたのである。士民《しみん》から見るなら生神《いきがみ》さまのように思える鷹山だが、鷹山は最後まで自分は至《いた》らぬ人間、凡人なのだという反省と慎みを忘れなかったのである。七十歳すぎて詠《よ》んだのがこの歌である。

　　省《かえりみ》れば　いとも恥《は》づかし　徒《いたず》らに
　　　七十《ななそぢ》すぎし　老《おい》のこの身《み》を

一生をふり返ってみてまことに恥ずかしい。徳足《とくた》らぬ自分が恥ずかしい。この強烈《きょうれつ》な反省心を亡くなるときまで持ち続けたのである。若き日の七家《しちけ》の反逆《はんぎゃく》が鷹山《ようざん》生涯の心の傷であった。鷹山はこのことを一日も忘れることなく修養《しゅうよう》に励んだのである。普通だったら昔のことは済《す》んだこととして忘れ、米沢藩《よねざわはん》を再建した己《おの》れの功績《こうせき》を自負《じふ》し自慢の一つでも言いたくなるところである。今日《こんにち》なら回顧《かいこ》録《ろく》でも出して自分の功績を吹聴《ふいちょう》するだろう。鷹山はその反対であった。

老《お》いぬれば　心のままを　戒《いま》しむと
　古《ふる》き教《おし》へを　われ守《まも》らなむ

（わがままを戒しめるために私は古くから伝えられている人間の正しい道、生き方を守ってゆきたい。）

思《おも》へども　身《み》の及《およ》ばねば　助《たす》けよと
　われ老《お》いにきと　人《ひと》に言《い》はすな

（いかに努力しても及ばないことがあるからどうか私を助けてくれ。あの名君鷹山《めいくんようざん》侯《こう》もついに老いぼれて晩節《ばんせつ》を汚《けが》したと言われないようにしてほしい。）

第一話　上杉鷹山——江戸時代の代表的名君

内村鑑三《うちむらかんぞう》は『代表的日本人』でこう書いた。

「あらゆる人間のうちにて恐《おそ》らく鷹山《ようざん》は欠点や弱さを数え上げられる必要の最も少い人であろう。彼は人という言葉の完全な意味における人であった」

最高の賞賛《しょうさん》である。アメリカ人、ヨーロッパ人に向って上杉鷹山《うえすぎようざん》に優《まさ》る指導者はいますか、いないでしょうと言ったのである。それに対して欧米の心ある人々が、その通りと拍手喝采《はくしゅかっさい》したのである。このような人物を持ったことは私たち日本人として最高の誇りの一つではないか。鷹山のすべてを真似《まね》ることはとてもできないかもしれない。しかしこのような偉人《いじん》をお手本として学ぶことは大切である。このような人を模範《もはん》として仰《あお》ぎ、わが胸に抱《いだ》いて人生を送ろうとするかしないかにより、その人生は大きく変ってくる。

参考文献

『鷹山公世紀』池田成章　吉川弘文館　明治39年
『鷹山公偉蹟録』甘糟継成　上杉神社　昭和9年
『上杉鷹山の人間と生涯』安彦孝次郎　壮年社　昭和17年
『上杉鷹山公と其遺訓』高橋力　米沢風土会本部　昭和15年
『鷹山公と平洲先生』小西重直　昭和19年
『上杉鷹山』横山昭男　吉川弘文館　昭和43年
『平洲先生と米沢』大乗寺良一　刊行会　昭和33年
『代表的日本人』内村鑑三　岩波文庫　平成7年　ほか

第二話

吉田松陰

――救国の天使

吉田松陰

文政 13 年（1830）〜安政 6 年（1859）
幕末期長州藩の志士、思想家、教育者、明治維新の精神的指導者。父は杉百合之助、松陰は次男であったため、幼くして吉田家に養子となる。のちに松下村塾を興し、幕末維新期に活躍する多くの門下生を育てた。（写真・「吉田松陰木像」京都大学附属図書館所蔵）

1、日本を守る兵学者として

日本歴史二つの奇蹟《きせき》

わが国の歴史には二つの奇蹟がある。謎と言ってもよい。その一つは、建国以来なぜ天皇が断絶《だんぜつ》なく連綿《れんめん》として今日まで存在し続けてきたかということである。日本書紀《にほんしょき》によれば初代《しょだい》の神武《じんむ》天皇から今上《きんじょう》天皇まで二千六百数十年間、同じ血統《けっとう》の天皇がとぎれることなく続いてきたことは驚嘆《きょうたん》すべきことである。神話の時代から現在まで少なくみても二千年以上続く世界で唯《ただ》一つの王朝《おうちょう》が皇室《こうしつ》である。昔はどの国も王国だったがみな滅び去った。

現在、王朝のある国は二十七ヵ国しかない。日本に次いで長い歴史をもつのはデンマークだが、建国から千数十年であり、今の王室は十九世紀後半からである。その次に古いのはイギリスだが千年に満たない。世界の王室の模範《もはん》のように言われてきたが、一六四九年の清教徒革命《せいきょうとかくめい》で王朝は断絶《だんぜつ》、共和制《きょうわせい》となり、その後一六六〇年、王制が復活した。現在の王室が始まったのは一七一四年である。

このように昔あった王朝はすべて滅亡し、中世、近世になってからわずかに存在する王朝でも革命などによる断絶や交代《こうたい》があり、わが国の皇室の悠久《ゆうきゅう》さとは比較にもならない。つまり二千年以上も同じ血統を保《たも》つ天皇家をいただいて国家を維持《いじ》してきたということは、言葉に尽《つ》しがたいまさに世界史の奇蹟《きせき》の中の奇蹟と言ってよいのである。世界の中で最も価値ある偉大な精神的・文化的遺産《いさん》をあげるなら、それはわが日本の皇室である。

隣りのシナではよく「中国四千年の歴史」というが大嘘《おおうそ》である。シナは革命《かくめい》の国であり、数多くの王朝が興《おこ》っては亡《ほろ》ぶ繰り返しであり、しかも隋《ずい》、唐《とう》、元《げん》、清《しん》などは北方の異民族《いみんぞく》が万里《ばんり》の長 城《ちょうじょう》以南のシナ大陸を征服して建てた王朝であった。だからシナの国は断絶《だんぜつ》の歴史であり連続性がない。四千年前に存在していた国家と現在の中華《ちゅうか》人民 共和《じんみんきょうわ》国《こく》は、国としての連続性はまったくない別の国である。このような国だから誇るに足るような歴史・伝統はきわめて少ない。

もう一つは、近代の世界においてなぜわが国だけが欧米列 強《おうべいれっきょう》の植 民地《しょくみんち》、隷属《れいぞく》国《こく》にならずにすんだかということである。有色人種の国家で真《しん》に独立を守り抜くことができた国は日本だけである。名ばかりの独立国はいくつかあったが、欧米に抵抗し反撃できた国は一つもなかった。日本だけが欧米の侵 略《しんりゃく》を阻止《そし》した。日本だけが明治維新《めいじいしん》を成《な》し遂《と》げ、近代国家として新生し、日露戦争《にちろせんそう》に勝利して欧米の強国にひけを取らなかったのは実に不思議ではないか。幕末・明治維新から日露戦争にかけての時代、日本と欧米との国力、経済力、軍事力、科学技術力を比べるなら天地の隔《へだた》りがあった。にもかかわらず日本民族は決然《けつぜん》と立上《たちあが》り非西洋民族の中で唯一国《ただいっこく》従属化を拒絶《きょぜつ》して独立を護《まも》り抜いた。これまた奇蹟《きせき》の歴史であった。なぜ日本だけこれができたのであろうか。

この二つの奇蹟《きせき》、謎、日本の歴史における根本的な問いに対する一つの答《こたえ》が、明治維新《めいじいしん》を代表する志士《しし》、吉田松陰《よしだしょういん》の生涯《しょうがい》にある。

父・杉百合之助《すぎゆりのすけ》の感化《かんか》――この父ありて松陰あり

吉田松陰は文政《ぶんせい》十三年（一八三〇）八月四日、萩《はぎ》において長州藩士《ちょうしゅうはんし》杉百合之助の次男として生まれた。通称《つうしょう》はいくつかあるが寅次郎《とらじろう》がよく知られている。名は矩方《のりかた》といった。松陰は号《ごう》である。母は瀧《たき》（瀧子ともいう）、兄弟が二人、妹が三人いた。父百合之助は石高《こくだか》二六石《こく》の下級藩士《かきゅうはんし》である。わずかな給料で子供が多かったから、生活は貧しかった。百合之助は田畑を借りて耕し家族を養った。武士であったが日常の大半が百姓《ひゃくしょう》の生活である。

しかし百合之助は百姓仕事に明け暮れしながらも、何より読書を好み学問に励《はげ》む誠実でまじめな人並《ひとなみ》すぐれた真《しん》の武士であった。米をつくときはそばに本を置いて読んだ。農作業の合間《あいま》、暇《ひま》さえあれば読書する寡黙《かもく》で勤勉《きんべん》な人物であった。

百合之助《ゆりのすけ》の父七兵衛《しちべえ》は三度の飯より読書を好んだが、その気質《きしつ》が三人の息子（百合之助、吉田大助《よしだだいすけ》、玉木文之進《たまきぶんのしん》）と孫（兄梅太郎《うめたろう》と松陰《しょういん》）に受け継がれた。百合之助はいつも梅太郎や松陰に、無駄話をする暇《ひま》があったら本を読めとさとし、読書学問をしない人間は、人と話をしてもすぐ話の種《たね》はつきてしまうと言って二人を戒《いまし》めている。

　読書学問の喜びを知る百合之助は、それを通して日本人の道である神道《しんとう》を深く仰《あお》ぎ、天皇、朝廷《ちょうてい》を尊重《そんちょう》した。つまり「敬神《けいしん》・尊皇《そんのう》・愛国《あいこく》」の精神がひときわ厚い武士であった。松陰は年少時、父からこの精神を魂の奥底に注《そそ》ぎこまれた。松陰が明治維新《めいじいしん》の代表的志士《だいひょうてきしし》となりえたのは、全くこの父の深い感化《かんか》を受けた為《ため》である。百合之助は農作業や草取りをしながら、梅太郎、松陰に文章を口ずさみつつ色々な書物を教えた。四書《ししょ》（論語《ろんご》・大学《だいがく》・中庸《ちゅうよう》・孟子《もうし》）などはほとんどこの間に習い覚えた。無論《むろん》、室内でも学んだ。少年時父から教えられたものの中で忘れがたいものが、「文政《ぶんせい》十年の詔《みことのり》」と、「神国由来《しんこくゆらい》」の二つである。「文政十年の詔《みことのり》」とは、仁孝《にんこう》天皇が将軍徳川家斉《いえなり》を太政大臣《だじょうだいじん》に任命《にんめい》した詔勅《しょうちょく》

（天皇のみことのり、お言葉）である。家斉《いえなり》は武士として最高の名誉を賜《たまわ》ったのだから、本来ならば上京して朝廷《ちょうてい》に参上《さんじょう》、深く感謝してこの詔勅《しょうちょく》を拝受《はいじゅ》しなければならない。ところが家斉《いえなり》は江戸城にいたままこの詔勅を受けるという非礼《ひれい》を働いたのである。百合之助《ゆりのすけ》はこれを聞き知った時、臣下《しんか》（征夷大将軍《せいいたいしょうぐん》はあくまでも天皇の臣《しん》、天皇をお護《まも》りする侍大将《さむらいだいしょう》）の立場を忘れた、天皇に対する畏敬《いけい》と慎《つつし》みを欠く傲《おご》り高ぶった態度を許すことができないと心から憤《いきどお》り、沐浴《もくよく》して身《み》を浄《きよ》め衣服をかえ遥《はる》かに京都に向って平伏《へいふく》、朝廷の衰退《すいたい》と将軍・幕府の横暴《おうぼう》・跋扈《ばっこ》（気ままにやりたい放題をすること）がついにここに至《いた》ったかと涙にむせんだのである。

百合之助《ゆりのすけ》はかくも天皇、朝廷を深く敬《うやま》う心の持主であった。百合之助はこの「文政十年の詔《みことのり》」を清書して梅太郎と松陰《しょういん》に暗誦《あんしょう》させ、尊皇《そんのう》の道を教えさとしたのである。これは松陰にとり終生《しゅうせい》忘れぬことのできない魂の奥底に刻《きざ》まれた父の庭訓《ていきん》（教訓）となった。

「神国由来《しんこくゆらい》」は玉田永教《たまだながのり》という神道《しんとう》の布教師《ふきょうし》が著《あらわ》した書物《しょもつ》で、萩《はぎ》に来て講演した時に使われた。百合之助はこれを聞いて感激し、この書を写し取って暗誦《あんしょう》した。

短い文章だが要旨《ようし》は次の通りである。
大日本《だいにっぽん》は神《かみ》の国《くに》である。天照大御神《あまてらすおおみかみ》が高天原《たかあまはら》において三種《さんしゅ》の神器《じんぎ》を天孫《てんそん》瓊々杵尊《ににぎのみこと》に授けられてから、現在の仁孝《にんこう》天皇までの長い年月断絶《だんぜつ》なく続いてきた誠に万世窮り無き《ばんせいきわま》神の国である。またわが国の言葉は世界にただ一つの五十音という言霊《ことだま》をそなえた神国《しんこく》の言語である。日本人は神代《かみよ》から伝わる神《かみ》の道《みち》を崇《あが》め正直《しょうじき》をもとにしてよこしまな教え、心を捨てて神国《しんこく》の民《たみ》として生きなければならない。

神の国、神国《しんこく》については第一巻の坂本龍馬《さかもとりょうま》のところで説明した。いまだ年少の松陰《しょういん》にはこの文章を深く理解するまでには至らなかったが、父が常に唱え、松陰もまた暗《そら》んじた「大日本は神の国なり」との「神国由来《しんこくゆらい》」の敬神尊皇愛国《けいしんそんのうあいこく》の精神は骨髄《こつずい》に埋《う》めこまれたのである。松陰が刑死《けいし》する安政《あんせい》六年の五月、江戸に送られるにあたり、父への別れの詩をよんだがその中でこうのべている。

耳には存《そん》す文政《ぶんせい》十年の　詔《みことのり》
口には熟《じゅく》す秋　洲《しゅうしゅう》一首《いっしゅ》の文《ふみ》
小　少《しょうしょう》より尊　攘《そんじょう》の　志《こころざし》　早く決す

※秋洲＝秋津洲《あきつしま》、日本のこと
※尊攘＝尊皇攘夷

一行目は、父がいつも「文政十年の　詔《みことのり》　」を唱《とな》えていたこと。「秋　洲《しゅうしゅう》一首《いっしゅ》の文《ふみ》」とは「神国由来《しんこくゆらい》」。松　陰《しょういん》は暗誦《あんしょう》し常にこの二つを唱えていた。この父の教《きょう》訓《くん》より、天皇を尊敬し欧米《おうべい》の侵略を打ち攘《はら》い日本の独立を守り抜くという「尊《そん》皇攘夷《のうじょうい》」の志は、少年時代にしっかりと確立していたという意味である。

長　州　藩兵学師範《ちょうしゅうはんへいがくしはん》の道——「寅次郎《とらじろう》は長州藩の宝」

松陰は他の子供とはよほど変っていた。五つ六つのころから手習《てなら》いや書物を読むのが大好きで、他の子供のする遊びごとに振り向きもせずひたすら読書した。

母の瀧子《たきこ》はいつも「寅次郎《とらじろう》はどこに一点小言《こごと》の言いどころもない、実に手のかからぬ子だ」と喜んでいた。兄の梅太郎とは見た目にもうるわしいほど仲睦《なかむつま》じかった。松陰《しょういん》は両親を深く敬愛するとともに、一人の弟、三人の妹にもいつも優《やさ》しかった。すぐ下の妹の千代《ちよ》はことに松陰を心から親愛してやまなかった。松陰は心が純粋《じゅんすい》でけがれがなくとても明るく、誠実《せいじつ》、正直《しょうじき》で、嘘《うそ》、偽《いつわ》りが少しもなく、人に対する愛情、同情の深さは天性《てんせい》であり最も美しい心根《こころね》の人間であった。またやさしいだけではなく意志が固く、忍耐力《にんたいりょく》が強く、勇気に満ち、大胆《だいたん》、剛《ごう》毅《き》（意志が強く勇気があること）であった。その上に一生並はずれた努力を惜《お》しまなかった。これほどすばらしい人間性を備えた人物はそういない。

松陰は五つのとき叔父《おじ》（父の弟）吉田大助の養子《ようし》になった。吉田大助は長州藩《ちょうしゅうはん》の兵学師範《へいがくしはん》の一人である。兵学師範とは、長州藩士に武士としての根本の心の持ち方、つまり武士道《ぶしどう》の精神と実際の戦争・戦闘においていかにして戦い勝利をおさめ長州藩を守り抜くかについて、その戦い方・戦法《せんぽう》・兵法《へいほう》を教え指導する教師である。大助はすぐれた人物だったので吉田家の養子に迎えられたが、松陰が六つの時、病死した。そこで松陰《しょういん》は兵学《へいがく》につき大助の高弟《こうてい》たちと大助の弟である玉木文之進《たまきぶんのしん》から学んだ。

江戸時代、兵学の流派《りゅうは》はいくつかあったが、松陰が学んだのは山鹿流《やまがりゅう》である。これは江戸前期、山鹿素行《やまがそこう》が作り上げたものである。素行は戦法・兵法について当時第一の専門家であるとともに、近世の武士道《ぶしどう》を確立した人物である。素行の山鹿流兵学は戦争における作戦や戦い方を教えるだけではなかった。武士は非常時においては戦闘者・戦士だが、平時《へいじ》においては民百姓《たみひゃくしょう》の上に立って政治を行う統治者《とうちしゃ》でもある。それゆえ武士としてその心を磨《みが》き、何より人格、品性《ひんせい》を高めなければならない。戦い方・戦法を学ぶ兵学は、同時に立派な武士となる為の道を学ぶ士道《しどう》・武士道《ぶしどう》でなければならないと主張したすぐれた人物であった。

松陰はこの山鹿流兵学を少年時から亡くなるときまで真剣に学び続けた。長州藩兵学師範《ちょうしゅうはんへいがくしはん》の道がここから始まる。松陰は兵学師範として長州藩を外敵《がいてき》の侵略《しんりゃく》から守ることを自分の任務《にんむ》、責任としたが、これを広く言うならば、日本を外国の侵略から守るということである。松陰は父祖《ふそ》の地日本を永久に護り抜くことを自分の天職《てんしょく》、使命《しめい》とする運命を五つの時に授かり、この使命の実現のため二十九年間の生涯《しょうがい》を一筋《ひとすじ》につき進んだのである。

松陰《しょういん》が少年期から青年期にかけて父以外に最も深く学んだのは、叔父玉木文之進《おじたまきぶんのしん》であり、父に次いで深い感化《かんか》を受けた。玉木は当時の武士の基本的な学問（四書五経《ししょごきょう》を中心とする儒教《じゅきょう》、漢学《かんがく》）と兵学《へいがく》を教えた。玉木もまた吉田大助に劣らぬ兵学者であった。百合之助《ゆりのすけ》・大助・文之進の三兄弟はみなそろって立派な人物であったが、文之進は誠実《せいじつ》、剛毅《ごうき》、清廉《せいれん》（心が清らかで私欲がないこと）、峻厳《しゅんげん》（とても厳しいこと）の硬骨《こうこつ》（強い信念を持つ骨のかたい人のこと）の武士であり、何より大《たい》義名分《ぎめいぶん》（日本人として守るべき天皇、国家への忠義《ちゅうぎ》・忠誠《ちゅうせい》）と節義《せつぎ》（人間の踏み行うべき正しい道徳、守るべき節操《せっそう》）を重んずる古武士《こぶし》の一典型《いちてんけい》（模範《もはん》）であった。

松陰はこの玉木文之進の鉄槌《てっつい》（とても厳しい教育）を受けた。時たま読書の姿勢が悪かったり、物覚えが悪かったりすると玉木は容赦《ようしゃ》なく叱《しか》りつけ時には拳骨《げんこつ》を加えたりした。素直で柔順《じゅうじゅん》な松陰は決してさからったり逃げたりせず、玉木の厳しい指導に従った。玉木は松陰の稀《まれ》に見るすぐれた素質と人格を見抜いていたので、長州藩兵学師範《ちょうしゅうはんへいがくしはん》として大成《たいせい》させる為《ため》に深い愛情をもって鍛《きた》えに鍛え上げたのである。松陰《しょういん》は亡き吉田大助に代《かわ》って親心で自分を教えてくれる玉木文之《たまきぶんの》進《しん》の真心にそむくまいとして、それはそれは火の出るような熱心さで努力を傾けた。松陰は杉百合之助《すぎゆりのすけ》、玉木文之進という武士の中の武士からこの上ない武士道教育を受けたのである。それだからこそ吉田松陰という最高の武士の一人が生まれたのであった。

松陰は寸暇《すんか》を惜《お》しんで読書し学んだ。萩《はぎ》にいた二十歳すぎまでの十五、六年間の勉学《べんがく》ぶりはすさまじかった。日露戦争の名将乃木希典《のぎまれすけ》は十代の時、玉木文之進に学んだが、玉木夫妻は口を極《きわ》めて松陰の人物を賞賛《しょうさん》し、常に松陰を模範《もはん》としてその言動《げんどう》をのべて訓戒《くんかい》した。乃木は後年《こうねん》こう語っている。

「先生(松陰)は非常の勉強家であったそうで、玉木は常に寅次郎《とらじろう》の半分勉強すれば大丈夫《だいじょうぶ》じゃというていた。……また先生は老人や婦女小児等《ふじょしょうじ》に対しても至極《しごく》温和《おんわ》に親切に、決して無愛想《ぶあいそう》したり煩《うる》さがるようなことなく、充分《じゅうぶん》気をつけて待遇《たいぐう》されていたことをよく模範《もはん》にあげて、玉木及びその夫人より私に訓戒《くんかい》された」

もともとすぐれた素質、天分《てんぶん》を授かった上に人に倍する努力を積み重ねたから、松陰《しょういん》の兵学《へいがく》についての学問は見る見る上達《じょうたつ》した。また玉木のほか吉田大助の高弟や長沼《ながぬま》流兵学の山田亦介《またすけ》にも学んだ。山田亦介からは海外情勢、欧米のアジア侵略《しんりゃく》の実体《じったい》、イギリスのインド征服、アヘン戦争の敗北による清《しん》の植民地化、イギリス、フランスの沖縄に対する無法な行動、ロシアのわが北方への侵略等につき詳《くわ》しく聴き、わが国が容易ならぬ危機に直面していることを知った。十六歳のころである。

松陰は早くも十一歳の時、藩主毛利敬親《はんしゅもうりたかちか》に兵学の講義を行っている。毛利敬親は松陰の秀才ぶりに感嘆《かんたん》した。以後たびたび進講《しんこう》したが、敬親は「寅次郎《とらじろう》はわが藩《はん》の宝」と言って親愛し将来を深く期待した。

九州・江戸・東北への旅

二十一歳になった松陰は九州に旅立った。山田亦介《またすけ》から聴いた海外情勢についてもっとよく知る為には長州《ちょうしゅう》の外に出て情報を得なければならない。目指《めざ》したところは長崎であり平戸《ひらど》であった。ことに長崎にはオランダの出島《でじま》があり、最新の海外情報を入手《にゅうしゅ》できるからである。平戸への行き帰り長崎に滞在《たいざい》して、ひたすら見聞《けんぶん》につとめた。出島のオランダ館を見、オランダの軍艦にも乗りこみ、大砲等をつぶさに見学した。前後一ヵ月近くいたが、長崎での見聞は松陰《しょういん》の目をさらに大きく海外へ開かせた。

平戸に行ったのはそこには山鹿流兵学《やまがりゅうへいがく》の宗家《そうけ》(本家《ほんけ》)山鹿万介《やまがまんすけ》と同兵学者で高名な葉山佐内《はやまさない》から直接学ぶためである。二人ははるばる萩《はぎ》からやってきた若き兵学者を心から歓待《かんたい》してくれた。松陰はこの二人の老師《ろうし》から約五十日間学んだ。海外情勢について萩では手に入《はい》らぬ書物も多く、松陰は平戸にあるあらゆる翻訳書《ほんやくしょ》を読み尽《つく》した。五十日間に約八十冊読むとともにその要点を一々抜書《ぬきが》きするという猛勉強であった。二人から教えをうける以外の時間、宿屋にこもりきりで読書に励んだのである。旅は人間を成長させる。約四ヵ月間の藩外《はんがい》への初めての旅は松陰にとり貴重な生きた学問となった。

続いて翌年二十二歳の時、江戸に出た。さらに学問の修業《しゅぎょう》を積む為には、やはり学問の本場《ほんば》である江戸で学ぶ必要があったからである。江戸では当時高名な学者に入門し一層猛烈に学んだ。花のお江戸に出ても浮かれることなく外食などもほとんどせず、藩邸《はんてい》で質素な食事をとりつつ励んだ。しかし当時の江戸には松《しょう》陰《いん》が期待する程《ほど》の師はほとんどいなかった。ただ九州に旅したとき熊本で知り合った山鹿《やまが》流《りゅう》の兵学者《へいがくしゃ》宮部《みやべ》鼎蔵《ていぞう》が江戸に来ていた。宮部は松陰が最も敬愛した武士で、二人は深交《しんこう》を結び切磋琢磨《せっさたくま》し合った。

その宮部ともう一人の友と江戸に出た年の暮十二月、東北へ旅立つのである。松陰がこの旅を思い立ったのは、ロシアが南下してはるか以前から千島列島を奪い樺太《からふと》を侵略し北海道を狙《ねら》っている危機を深く憂《うれ》えたからである。北海道に近い東北各地を自らの足で歩きこの目で確かめ、ロシアの北からの侵略に対して日本はいかに備えるかという兵学者としての松陰の真剣な思いからこの旅がなされたのである。翌年四月までの約四ヵ月半、水戸《みと》、白河《しらかわ》、会津《あいづ》、新潟、佐渡《さど》、秋田、弘前《ひろさき》、青森、盛岡、仙台、米沢《よねざわ》をめぐり歩いた。

この旅も松陰《しょういん》にとり実《みの》り多いものであった。ことに水戸において松陰の心境《しんきょう》に大きな変化をもたらした。水戸には水戸学《みとがく》とよばれる学問があった。徳川光圀《とくがわみつくに》が『大日本史《だいにほんし》』の編纂《へんさん》という大事業を始めて、ここから天皇を国家の中心に戴《いただ》くわが国の根本のあり方(これを国体《こくたい》という)と歴史を明らかにする水戸学がおこり、幕末《ばくまつ》のこのころその学問は完成していた。一言でいうと「尊皇攘夷《そんのうじょうい》」の精神を明らかにする学問で、水戸学の代表的学者が会沢伯民《あいざわはくみん》と藤田東湖《ふじたとうこ》である。

松陰は謹慎中《きんしんちゅう》の藤田東湖には会えなかったが、この時七十歳を過ぎていた会沢伯民にしばしば会い教えを請い深い感銘を受けた。松陰は兵学者《へいがくしゃ》として専門の書、海外情勢についての翻訳書《ほんやくしょ》等を読むことに全力を尽してきたが、これまで日本の古典《こてん》、歴史書、古事記《こじき》や日本書紀《にほんしょき》などはほとんど読んでおらず、国典《こくてん》・国史の知識に乏《とぼ》しかった。それが会沢《あいざわ》らの話を聴くとともに会沢や藤田東湖《ふじたとうこ》の数々の著作《ちょさく》を読んで痛感《つうかん》させられるのである。父親譲《ゆず》りの尊皇愛国《そんのうあいこく》の心は決して人後《じんご》に落ちなかったが、兵学、海外情勢、儒教・漢学の知識に比べ肝腎《かんじん》のわが古典と国史について無知同然《どうぜん》であったことを深く反省した。それがこの言葉である。

「身《み》、皇国《こうこく》に生まれて、皇国の皇国たる所以《ゆえん》（理由）を知らざれば何を以《もっ》てか天地に立たん」

旅を終え萩《はぎ》に戻ってから松陰《しょういん》は国史、国典《こくてん》について猛然《もうぜん》と学ぶのである。

もう一つの感動は佐渡《さど》に行き、順徳《じゅんとく》天皇御陵《ごりょう》を拝《はい》したことである。承久《じょうきゅう》の変《へん》において鎌倉幕府の執権北条義時《しっけんほうじょうよしとき》は、後鳥羽上皇《ごとばじょうこう》を隠岐《おき》に、順徳上皇を佐渡に流した。両上皇はこの島で崩御《ほうぎょ》された。松陰と宮部《みやべ》は御陵《ごりょう》に額《ぬか》づいて、北条を「奸《かん》賊《ぞく》（極悪人《ごくあくにん》）」と呼び、六百年前の悲史《ひし》に涙を流したのである。日本国民にとり天皇は主君《しゅくん》であり親である。天皇からみると国民はわが子である。子にとり親はあくまでも親でありその存在は絶対である。たとえ親がいかにあろうとも子は親を敬愛しなければならない。自分の生命のもとであるからである。子が親を島流しにしてよい道理《どうり》は絶対にない。ここに父親から身《み》をもって受け継いだ松陰の根本の心、尊皇《そんのう》の心がある。

2、やむにやまれぬ大和魂《やまとだましい》

ペリー来航《らいこう》――国難来《こくなんきた》る

嘉永《かえい》六年(一八五三)五月、二十四歳の松陰《しょういん》は再び江戸に出た。六月三日、ペリーが浦賀《うらが》沖に来航した。この時から日本はかつてない危機《きき》、国難を迎えるのである。ペリーを「開国の恩人」と思うなら、それは大間違いである。ペリーは浦賀沖に軍艦四隻を並べ大砲の筒先《つつさき》を浦賀の町に向け戦闘態勢《たいせい》を整《ととの》え、日本に開国を要求するアメリカ大統領の国書《こくしょ》を受理《じゅり》することを強要《きょうよう》するとともに、もし国書の受理《じゅり》を拒絶《きょぜつ》するならば直《ただ》ちに日本に対して戦争を開始すると脅迫《きょうはく》したのである。徳川幕府の浦賀奉行《うらがぶぎょう》は、浦賀は外国のことについて取扱《とりあつか》う場所ではないので長崎へ行くよう要請《ようせい》したがペリーは拒絶、あくまでここで国書《こくしょ》を受理せよ、さもなくば戦いあるのみと威嚇《いかく》した。ペリーはさらに江戸湾に侵入《しんにゅう》するだけではなく、アメリカ兵を上陸させたり、海岸の測量《そくりょう》を行うなど傍若無人《ぼうじゃくぶじん》の勝手気儘《かってきまま》な無法行為《むほうこうい》を働いた。

ペリーの日本への要求は、独立国日本に対する非礼《ひれい》と侮辱《ぶじょく》に満ちた不正・無法・非道《ひどう》の限りを尽《つ》くしたものであり、国と国の交際において決してあってはならぬ許されない侵略的行為であった。ペリーは日本に対して真に友好と親善《しんぜん》を求めてやってきたのではなく、あくまでもアメリカの一方的な要求を日本に有無《うむ》を言わせずに呑《の》ませる為《ため》に、「黒船《くろふね》」の強大な軍事力をもっておどしつけたのである。

ペリーは翌年「日米和親条約《にちべいわしんじょうやく》」を結んで帰国後、すぐに『ペルリ提督《ていとく》日本遠征記』（岩波文庫）という書物《しょもつ》を出したが、その中で「もしも日本が開国を拒絶したならば、沖縄を占領し奪う」と明記《めいき》している。欧米の白人国家にとって有色人種の国家は決して対等《たいとう》の国家ではないばかりか、侵略《しんりゃく》し支配し思いのままに植民地、隷属国《れいぞくこく》とすべき劣等民族《れっとうみんぞく》でしかなかったのである。わかりやすく言うと、「お前ら未開野蛮《みかいやばん》の劣等民族は、黙って優秀な白人国家の言う通りに従え。さもなくば黒船《くろふね》の大砲がものを言うぞ」という上から下、強い者から弱い者への問答《もんどう》無用《むよう》の命令、脅迫《きょうはく》がペリーの来航《らいこう》であったのである。

このペリーの軍事力の威嚇《いかく》による外交(これを「砲艦外交《ほうかんがいこう》」という)に対して、徳川幕府は一言《ひとこと》も厳然《げんぜん》たる抗議《こうぎ》、非難《ひなん》をせず、六月九日、国書《こくしょ》を受理《じゅり》した。独立国家であるならば、こうしたならず者国家の無法と脅迫《きょうはく》を敢然《かんぜん》と拒絶《きょぜつ》しなければならない。そうしなければ国家の独立《どくりつ》、安全、名誉《めいよ》は保持《ほじ》できない。しかし幕府はアメリカに完全に屈服《くっぷく》した。これを「土下座外交《どげざがいこう》」という。取り返しのつかない幕府の失態《しったい》、致命的《ちめいてき》あやまちであったのである。やがて徳川幕府が倒れた根本の理由、原因はまったくここにあった。

松陰《しょういん》はペリーが来た翌日、浦賀《うらが》に行き黒船《くろふね》を見、九日、久里浜《くりはま》でアメリカの国書《こくしょ》を受理《じゅり》したときもここにいた。アメリカのやり方と幕府の対応《たいおう》に心の底から憂慮《ゆうりょ》し憤慨《ふんがい》してこうのべている。

「今夏《こんか》、浦賀の事、日本開国以来いまだかつてない国辱《こくじょく》（日本がアメリカから受けた屈辱《くつじょく》）」

「天下の大義《たいぎ》を伸《の》べて（日本の国としての根本の道義《どうぎ》に立って）、アメリカの罪を鳴《な》らしアメリカを断固打ち払うべきである。ところが幕府は全く腰を抜かしぐずぐずして決断できず、一時のがれの安きをぬすみ、うろたえるばかりであり、必戦《ひっせん》の覚悟《かくご》が定まらない。このままでは日本は戦わずして亡国《ぼうこく》のほかはない。不名誉、恥辱《ちじょく》を千年後も伝えることになる。痛恨《つうこん》にとてもたえられない」

ペリーが来航《らいこう》した時、日本は名誉ある独立国として存立《そんりつ》できるかどうかの岐路《きろ》にあった。徳川幕府は、日本が開国を拒絶《きょぜつ》すれば沖縄を奪い取る魂胆《こんたん》だったペリーの砲艦外交《ほうかんがいこう》に断じて屈服《くっぷく》してはならず、彼《かれ》の無法と侮辱《ぶじょく》に満ちた挑戦に対して、このとき敢然《かんぜん》として戦いアメリカを打ち払わなければならなかったのである。それが独立国家というものである。幕府がアメリカの軍事力に恐れおののきその要求を拒絶《きょぜつ》できず、断然《だんぜん》戦うことができなかったことは、独立国家としての存立《そんりつ》の否定であり、それは日本の亡国《ぼうこく》の道である。

そしてそれは幕府の存在の自己否定でもあった。「征夷大将軍《せいいたいしょうぐん》」とは、天皇・朝廷《ちょうてい》をお守りする侍大将《さむらいだいしょう》であり、夷《い》つまり外国の侵略を払いのけ日本の独立を守ることがその根本の責務《せきむ》である。アメリカが日本を思い通りに支配しようとしてきたこの時こそ、幕府は征夷大将軍としての本来の任務を行使《こうし》しなければならなかったのにそれを放棄《ほうき》したのである。だから幕府は自らの存在を否定したことになる。幕府は二百数十年の平和の中で治《ち》にいて乱《らん》を忘れ、アメリカに戦わずして屈服《くっぷく》したのである。

かつてない亡国の危機に身悶《みもだ》えする松陰《しょういん》

松陰《しょういん》はこの有様《ありさま》を心の底から憂《うれ》え、日本が今まさにインド・清《しん》の二《に》の舞《まい》を演《えん》ずる亡国《ぼうこく》の危機にあることを誰よりも深く痛感《つうかん》した。海外渡航《とこう》に失敗して野山獄《のやまごく》に入《い》れられた時、こうのべている。

「近時《きんじ》、海賊《かいぞく》（欧米列強）の猖狂《しょうきょう》（猛《たけ》り狂って暴れまわること）なること、日一日《ひいちにち》より甚《はなはだ》し。今春《こんしゅん》に至《いた》るに及んで遂《つい》に城下《じょうか》の盟《ちかい》（戦いに敗れて敵に全面的に降伏《こうふく》することだが、幕府は戦わずして屈服《くっぷく》）を為《な》す。而《しこう》してその禍患《かかん》（わざわい、国難）は未《いま》だとどまる所を知らず。ここにおいて忠孝節義《ちゅうこうせつぎ》の士《し》（主君《しゅくん》と国家に忠誠を尽《つく》し親に孝行し、道義《どうぎ》に生きる真《しん》の武士・日本人）皆慨然《みながいぜん》（心から憂《うれ》うこと）として涙下《なみだくだ》り、恥《はじ》を雪《そそ》ぎ仇《あだ》（アメリカ）を報《ほう》ぜん（アメリカにしかえしすること）と思わざるはなし」

ペリーの威嚇《いかく》の前に徳川幕府は震《ふる》え上《あが》り征夷大将軍《せいいたいしょうぐん》の任務《にんむ》を投げ捨て戦いもせずに無惨《むざん》に屈服《くっぷく》した。日本が今こうむっている禍《わざわ》いはさらに悪化しようとしている。忠孝節義《ちゅうこうせつぎ》の心の厚い本当の武士は祖国の危機に深い憂いを抱《いだ》いて、必ずこの屈辱《くつじょく》を晴らすことを固《かた》く心に期《き》しているという意味である。

何《なん》の抵抗もせずアメリカの言いなりになる徳川幕府の政治外交がこのまま続く限り、日本は欧米列強《おうべいれっきょう》の奴隷《どれい》として支配を受けるしかない。当時の日本はこのような筆舌《ひつぜつ》に尽《つく》しがたい危機《きき》にあった。吉田松陰《よしだしょういん》ら志士《しし》たちはみな心からそう思ったのである。この危機感がわからなければ、どうして明治維新《めいじいしん》が起こされたか到底《とうてい》理解できない。さらに松陰《しょういん》はこうのべる。

「今は即《すなわ》ち膝《ひざ》を屈《くっ》し首を低《た》れ、夷《えびす》(欧米列強)の為《な》す所《ところ》に任《まか》す(言いなりになる)。国の衰《おとろ》えたる古《いにしえ》よりいまだかつてあらざるなり。外夷《がいい》(欧米)悍然《かんぜん》(猛烈な勢い)として来《きた》りせまり、赫然《かくぜん》(勢い盛んなこと)として威《い》を作《な》す(威嚇《いかく》する)。吾則《われすなわ》ち首を低《た》れ気《いき》をとめ、通信通市《つうしんつうし》(開国し貿易を行うこと)ただその求むる所のままにして、敢《あえ》てこれに違《たが》うことなし(アメリカの要求をすべて受け入れるということ)。国の存《そん》するや自《みずか》ら存《そん》するなり。豈《あに》(どうして)外《そと》に待《ま》つことあらんや。外に待つことなし。豈《あに》外《そと》に制《せい》せらるることあらんや」

松陰は幕府がペリーに屈服《くっぷく》した当時の日本の有様《ありさま》を、わが国始まって以来の衰《すい》退《たい》の極《きょく》と見た。このあとは亡国《ぼうこく》しかないと憂《うれ》えたのである。独立国家とは自らの意志と力によって存在《そんざい》するものである。ところが日本は国家の重大事《じゅうだいじ》を自分の意志によらず、アメリカの軍事的威嚇《いかく》によって決定させられた。それが「外に待つ」「外に制《せい》せらるる」という言葉である。それは断じて独立国家の行う政治外交ではないと言っているのだ。徳川幕府がいかに独立国家の政府としての自覚と誇りを失い、責務《せきむ》の遂行《すいこう》を放棄《ほうき》していたかを知らなければならない。松陰《しょういん》ら志士《しし》たちは徳川幕府を憎悪《ぞうお》して幕府を倒したのではない。幕府の政治外交があまりにもひどく、幕府がある限り日本がもたない、亡《ほろ》びてしまう、日本民族は独立国家として生き残ることが不可能と思わざるを得なかったから、倒幕《とうばく》に立ち上ったのである。松陰はもう一つ大切なことをのべている。

「群夷《ぐんい》(欧米)競《きそ》い来《きた》る。国家の大事とはいえども深憂《しんゆう》とするに足《た》らず。深憂とすべきは人心《じんしん》の正しからざるなり。人心が不正《ふせい》ならば一戦《いっせん》を待たずして、国を挙《あ》げて欧米《おうべい》に従うに至《いた》るべし。従って今日最も憂《うれ》うべきものは人心の不正《ふせい》にあらずや。近年来《きんねんらい》、欧米に対して国体《こくたい》(国家の体面《たいめん》・名誉・尊厳《そんげん》という意味)を失《しっ》すること少なからず。そうなったのは、幕府、諸藩《しょはん》の将士《しょうし》(武士)皆その心不正《ふせい》にして、国の為《ため》に忠死《ちゅうし》(死をもって忠義・忠誠を尽《つく》すこと)することあたわざるによる」

徳川幕府がアメリカに屈従《くつじゅう》したのは結局、世界に比類《ひるい》ない日本の国体《こくたい》(建国以来、万世一系《ばんせいいっけい》の天皇を国家の中心に戴《いただ》く国のあり方)の尊厳《そんげん》に対する自覚と誇りに欠け、アメリカの侮辱《ぶじょく》・脅迫《きょうはく》という不正、無法、非道《ひどう》に対して断固これを拒絶して打ち払う道義《どうぎ》の心と勇気を失っていたからである。つまり「人心が不正」であったからだと松陰《しょういん》は言うのである。人心が不正であるなら、「一戦を待たずして国を挙《あ》げて欧米に従う」ほかなくなる。道《みち》・道義を離れて国家の存立《そんりつ》・独立はありえず、道・道義にはずれた国家は戦わずして亡国の道をたどるというのが松陰の根本の考えであった。松陰は人間として武士として最も心正しき人であったから、徳川幕府の致命的《ちめいてき》な欠陥《けっかん》をこのように見抜いたのである。

志士達《ししたち》を奮《ふる》い立《た》たせた孝明《こうめい》天皇――「従来英皇不世出《じゅうらいえいこうふせいしゅつ》」

長州藩《ちょうしゅうはん》の兵学師範《へいがくしはん》であった松陰にとり、長州を守ることと日本を守ることは別のことではなく一つであった。日本を支配し隷属化《れいぞくか》しようとする欧米《おうべい》からいかにして日本を護《まも》り抜くか。これが松陰の双肩《そうけん》にかかった義務であり課題であった。日本を守る為《ため》にまず何よりしなければならないことは、日本を狙《ねら》う敵である欧米についてよく知ることである。相手をよく知らないでは自国の守りようがないからである。しかしわが国は長年の鎖国《さこく》で海外諸国の実情《じつじょう》が詳《くわ》しくわからなかった。そこで松陰《しょういん》は欧米を知る為には実際に出向《でむ》いて見聞《けんぶん》しなければならないと決意するのである。

松陰は初めて江戸に出たとき佐久間象山《さくましょうざん》に入門していたが、象山《しょうざん》の偉さがしみじみとわかり心服《しんぷく》したのはペリーが来航した時である。象山はアヘン戦争（一八四〇―四二年）により清《しん》がイギリスに敗れて植民地化の道をたどり始めた時、いち早く清《しん》の今日は明日の日本の運命だとして、日本を「インド・清《しん》の二の舞《まい》にしてはならない」と警鐘乱打《けいしょうらんだ》した一大先覚者《いちだいせんかくしゃ》であった。象山は所属《しょぞく》する真田藩《さなだはん》を通《とお》して幕府に国防《こくぼう》についての意見書を提出《ていしゅつ》するとともに、オランダ語を短期間で学び原書《げんしょ》に基《もと》づき日本で初めて西洋式大砲を造り上げた人物である。

象山は松陰の決意を聞いて深く共感し支持してその成功を心から祈り、「この九死一生の至難《しなん》のことをよくもすみやかに決心致し候《そうろう》。けなげなる若者にて候《そうろう》」とたたえ、激励の詩を与えている。鎖国《さこく》の禁《きん》を犯《おか》すのだから、決死の覚悟である。嘉永《かえい》六年（一八五三）九月、最初松陰は長崎へ向《むか》い、当時そこに来ていたロシアの軍艦に乗りこみ海外へ出ようとした。途中、十月、京都に立ち寄り皇居《こうきょ》を拝《はい》した。皇居の前に跪《ひざまず》き平伏《へいふく》した松陰《しょういん》は感無量《かんむりょう》であった。京都では尊皇《そんのう》の老《ろう》志士《しし》で当時の代表的詩人である梁川星巌《やながわせいがん》に会った。

梁川《やながわ》は梅田雲濱《うめだうんぴん》らと尊皇攘夷《そんのうじょうい》運動に尽《つく》したが、孝明《こうめい》天皇がいかにわが国の国難を深く憂《うれ》えられ、朝夕、国家国民のために真剣に祈りを捧《ささ》げられているかを松陰に語った。松陰は梁川から次の御製《ぎょせい》を知らされるのである。

朝夕《あさゆう》に　民安《たみやす》かれと　思ふ身《み》の
　心にかかる　異国《ことくに》の船《ふね》

（毎日、国家の安泰《あんたい》と国民の幸せを祈る私は今日《こんにち》、欧米列強が黒船《くろふね》をもって日本に押し寄せ、日本を支配せんとしていることを心から憂《うれ》えている。）

澄《す》ましえぬ　水に我《わ》が身《み》は　沈むとも
　濁《にご》しはせじな　よろづ国民《くにたみ》

（日本の危機、国難を払いのけるために我が身を捧《ささ》げて国家国民を救いたい。国民を苦難におとしいれたくない。）

孝明《こうめい》天皇の国家国民を切《せつ》に思われるお心に感泣《かんきゅう》した松陰《しょういん》は、その感激を直《ただ》ちに詩に詠《よ》んだ。その中でこうのべている。

聞《き》くならく　今上聖明《きんじょうせいめい》の徳《とく》
天《てん》を敬《うやま》い民《たみ》を憐《あわ》れむ　至誠《しせい》より発《はっ》す
鶏鳴《けいめい》　乃《すなわ》ち起《お》きて親《みずか》ら斎戒《さいかい》し
妖氛《ようふん》を掃《はら》って太平《たいへい》を致《いた》さんことを祈りたまう
従来《じゅうらい》　英皇不世出《えいこうふせいしゅつ》

※妖氛＝わざわい。
※英皇＝すぐれた天皇。

（梁川星巌《やながわせいがん》から聞くところによれば、孝明《こうめい》天皇様はこの上ない高徳《こうとく》のお方である。誠の心をもって神を敬い、国民を憐《あわ》れみ深い仁愛《じんあい》の情《じょう》をもってのぞまれている。毎日朝早くから身を浄《きよ》め神々に対する祭祀《さいし》に努《つと》められ、日本を狙《ねら》う欧米《おうべい》の侵略《しんりゃく》を払いのけ、わが国の永遠の安泰《あんたい》、国家の独立をひとすじにお祈りなされている。まことにめったに世の中にあらわれないひときわすぐれた天皇でいらっしゃる。何と尊《とうと》く畏《かしこ》くありがたいことであろうか。）

年少時から皇室を尊敬してやまなかった松陰《しょういん》の肺腑《はいふ》（心の奥底）の底から吐《は》き出された思いである。明治維新《めいじいしん》の歴史において孝明《こうめい》天皇のご存在は極《きわ》めて重い。松陰ら志士《しし》達《たち》は、わが身《み》を捧《ささ》げて国難を払《はら》いのけるため毎日命がけの祈りを続けられる孝明天皇のご様子《ようす》を聞き知り、この「不世出《ふせいしゅつ》の英皇《えいこう》」の大御心《おおみごころ》におこたえしようと奮《ふる》い立《た》ったのであった。志士たちが立ち上りえた原動力《げんどうりょく》は結局ここにあった。

海外渡航《とこう》の失敗

その年十月長崎に来たが、ロシアの軍艦はすでに立ち去っていた。松陰はそのあと江戸に戻《もど》った。安政《あんせい》元年（一八五四）一月、ペリーが七隻の軍艦を率《ひき》いて再《さい》来《らい》、三月三日、日米和親条約《にちべいわしんじょうやく》が結ばれた。

この時、松陰《しょういん》は金子重輔《かねこしげのすけ》とともにアメリカ行きを企《くわだ》て、三月二十七日、伊豆《いず》の下田《しもだ》から米艦《べいかん》に乗船《じょうせん》せんとしたが拒絶《きょぜつ》され失敗するのである。万事休《ばんじきゅう》すである。自首《じしゅ》して牢獄《ろうごく》に入り、そのあと江戸に送られる。

鎖国《さこく》の禁《きん》を犯《おか》した天下の大罪《たいざい》であったから、このあと待ちうけているのは死刑である。失望、絶望のどん底である。ところが松陰は生きている限り、学ぶことを忘れなかった。下田《しもだ》の牢獄には十数日間いたが、その時牢番《ろうばん》に本を借りて、金子と二人で読んだのである。松陰は一生の重要な出来事を残らず記録しているが、この時のことをこうのべている。

「この夜《よ》、平滑《ひらなめ》という牢獄《ろうごく》に入《い》れられる。獄《ごく》ただ一畳敷《いちじょうじき》、両人膝《ひざ》を交《まじ》えて居《お》る。すこぶるその狭《せま》きに苦しむ。番人《ばんにん》に借りて三河風土記《みかわふどき》、真田三代記《さなださんだいき》等を読む」

本をすぐに読みつくしてしまった松陰は、そのあと牢獄の番人《ばんにん》に真心こめて語るのである。

「また皇国《こうこく》の皇国たる所以《ゆえん》、人倫《じんりん》の人倫たる所以《ゆえん》、夷狄《いてき》の悪《にく》むべき所以《ゆえん》を日夜《にちや》、高声《こうせい》に称説《しょうせつ》す。獄奴《ごくどしゅんじ》蠢爾といえどもまた人心《じんしん》あるもの、涙をふるって吾輩《わがはい》の志《こころざし》を悲しまざるはなし」

※皇国＝日本、天皇国日本。所以＝理由。人倫＝人の道、倫理道徳、人間の最も大切な守るべき道、忠と孝。夷狄＝欧米列強。称説＝説明。獄奴＝牢の番人。

蠢爾＝愚か、無知。

松陰《しょういん》は牢番《ろうばん》に対して、建国以来、天皇を国家の中心に戴《いただ》く皇国《こうこく》日本の根本のあり方、人間として日本人として、最も大切な天皇に対する忠義《ちゅうぎ》・忠誠《ちゅうせい》と父母を敬愛する孝《こう》の道、そして日本を侵略、支配せんとしている欧米白人諸国の非《ひ》道《どう》、無法を憎悪《ぞうお》する理由を毎日毎晩熱をこめて語った。そうして松陰は日本を狙《ねら》っている敵であるアメリカをよく知る為《ため》に、決死の覚悟でアメリカに渡ろうとした国家を深く思ってやまぬ至情《しじょう》を切々《せつせつ》と語ったのである。

当時、牢屋《ろうや》の番人をする者は世間からは無知な愚《おろ》か者《もの》と見られる身分《みぶん》低い底辺《ていへん》層《そう》にいた人間であった。しかしこの牢番《ろうばん》は人間の心を立派に持っていた。松陰の話を涙を流して聴き理解し、松陰《しょういん》が志《こころざし》をとげられず獄中《ごくちゅう》の人になったことを心から悲しんだというのである。

ここに松陰の人に対する天性《てんせい》の仁愛《じんあい》の心がある。鎖国《さこく》の禁《きん》を破って失敗したのだから、あとは極刑《きょっけい》(死刑)が待つだけである。絶望の極《きょく》だから普通何もする気にもなれない。しかし松陰は落ちこむことなく気力をふりしぼり読書した。そのあと番人に語りかけた。このようなとき人間はこうした行動を取れるだろうか。世間的には最下層《さいかそう》にある見知らぬ牢番《ろうばん》に対して、松陰は少しも差別せず真心と愛情をもって語った。松陰の誠《まこと》の心は牢番の心を強く揺さぶりその魂を打ったのである。吉田松陰がいかなる人物であったかを示すもっとも素晴らしい逸話《いつわ》(世に知られていない話)の一つである。

そのあと松陰は罪人をいれる駕籠《かご》に乗せられて江戸に送られた。江戸の町中《まちなか》に入《はい》り泉岳寺《せんがくじ》のそばを通った時、詠《よ》んだ歌がこれである。

かくすれば　かくなるものと　知りながら

やむにやまれぬ　大和　魂《やまとだましい》

泉岳寺には大石内蔵助《おおいしくらのすけ》始め赤穂義士《あこうぎし》の墓がある。現在でも線香《せんこう》の煙が絶えることがない。大石たちは死を覚悟して主君の仇《あだ》（かたき、敵）を討った。そのあと自《じ》首《しゅ》して全員切腹《せっぷく》した。大石たちが立ち上ったのは武士道の教えである「義・道《どう》義《ぎ》」によってである。大石を教えたのが山鹿素行《やまがそこう》であった。赤穂義士が立ち上ったのは、「やむにやまれぬ大和　魂《やまとだましい》」があったからである。松陰《しょういん》が鎖国《さこく》の禁《きん》を犯して海外に渡航《とこう》しようとしたのも「やむにやまれぬ大和魂」による。大石たちは仇討《あだう》ちに立《た》ち上《あが》ったならば、死が待っていることを知っていた。松陰も失敗したならば死刑を覚悟しなければならなかった。それでも日本の国のことを真《しん》に思ったから、どうしてもこうせずにおられなかったのである。大石も松陰も「やむにやまれぬ大和　魂《やまとだましい》」によって自己の命を大義《たいぎ》のために捧《ささ》げたのである。この歌は一度聞いたら忘れられない。それは松陰の日本人としての魂の奥底からの叫びであった。

3、誓って神国《しんこく》の幹《みき》たらん

天性《てんせい》の教育者——牢獄《ろうごく》での猛烈な読書と同囚《どうしゅう》への感化《かんか》

松陰《しょういん》は死刑を覚悟していたが、萩《はぎ》に帰されて野山獄《のやまごく》に入れられた。ここで約一年二ヵ月すごした。しかし野山獄に入《はい》った時、死刑はまぬかれたものの一生ここから出られないと思った。普通だったらそう思っただけで気力もなくなり挫《くじ》けてしまう。ところが松陰はここで猛烈な勉強をした。一年二ヵ月で読んだ本は約六百冊、大変な読書量である。読むだけではなく大事なところは一々《いちいち》抜き書きしている。松陰《しょういん》はこう記《しる》している。

「好んで書を読み、最も古昔《こせき》（古い時代からの）忠臣《ちゅうしん》（主君《しゅくん》、国の為《ため》に尽《つく》した人）、孝子《こうし》（親に孝行《こうこう》した人）、義人《ぎじん》（世のため人のために尽した心の正しい人）、烈婦《れっぷ》（立派な女性）の事（記録・物語）を悦《よろこ》ぶ。朝起きて夜寝《い》ぬるまで兀々孜々《こつこつしし》（一心不乱に）としてかつ読みかつ抄《しょう》し（抜き書きすること）、あるいは感じて泣き、あるいは喜びて躍《おど》り、自《みずか》らやむことあたわず。この楽しみなかなか他に比較すべきものあるを覚《おぼ》えず」

松陰が最も好んだことは、歴史上のすぐれた人物から学ぶことであった。立派な人物のすばらしい精神と行為について知った時、感動の涙を流しあるいは躍《おど》り上《あが》って喜んだ。毎日朝から晩まで倦《う》むことなく読み続け、大事なところを書き抜いた。これが松陰の読書法で、のちに松下村塾《しょうかそんじゅく》においても「諸君、本は読みっぱなしにするな。感動したところは書き抜いて肝《きも》に銘《めい》じよ」と教えている。そうしたらそれがその人の血となり肉となる。読書と尚友《しょうゆう》（友を尚《たっと》ぶ、歴史上の偉人を常に胸に抱《いだ》いてその人を手本として学ぶこと）が松陰の一番の楽しみであった。松陰はお酒に弱く、女性とも生涯接することはなかった。普通の人からみると、それでは何の楽しみもなく、とても松陰《しょういん》のような生き方は真似《まね》ができないと思うが、このような俗人離《ぞくじんばな》れをした人物であった。松陰につけられたあだなが「仙人《せんにん》」である。人間が立派になるかならないかの分かれ道は、自分の心の中にいかに歴史上の偉人を持つか否《いな》かである。胸に抱《いだ》く人物が多くなればなるほど良いことを松陰は私たちに教えている。

野山獄《のやまごく》には他に十一人の囚人《しゅうじん》がいた。みな武士で一人だけ武家《ぶけ》の未亡人《みぼうじん》である。いかなる罪を犯《おか》してこうなったかというと、凶悪《きょうあく》な罪を犯したわけではなくみな家族と協調《きょうちょう》できずのけ者にされて、家族が野山獄にいれて下さいと藩《はん》に願い出たのである。家族の愛情を全く失って見捨てられた孤独な気の毒な人たちであった。松陰はこれを聞いてわが身《み》を忘れて、心の底からこの人たちに同情するのである。

囚人《しゅうじん》たちは一生ここから出られないとあきらめているから心は真暗闇《まっくらやみ》、生ける屍《しかばね》であり、毎日ただ食べて寝るだけの生活である。松陰はこれを見て、「何とかこの人たちが人間らしい心を取りもどして明るく生きてほしいものだ」と心から思った。話を聞いてみると武士だからみなそこそこの教養《きょうよう》がある。ある人は俳句《はいく》が上手だった。そこで松陰《しょういん》は「私に俳句を教えてくれませんか。みんなも暇《ひま》をもてあましていますから、あなたを先生にして俳句の会を起こそうではありませんか」とよびかけた。誰からも認められず見捨てられていたその人は、自分を師として俳句を学びたいという松陰の言葉に心がおどり、こうして俳句の会が始まった。また別の一人を先生として書道の会も起こされた。

ここで松陰は、「私は何もできませんが、年少の頃からいささか聖賢《せいけん》の道を学んできましたので、『孟子《もうし》』の講義をさせて下さい」とよびかけるのである。松陰はこうのべている。

「ここにおいて義《ぎ》を講《こう》じ道《みち》を説《と》き、相《あい》ともに磨礪《まれい》（人格を磨《みが》くこと）して、もって天年《てんねん》（一生）を歿《お》えんと期《き》す」

松陰も他の十一人もみな一生牢屋《ろうや》から出られないとしても、人間である以上、人間として守るべき正しい道、道義《どうぎ》を学びましょう、そして一層人格を磨き高め上げようではありませんかと言うのである。この天を衝《つ》くような向上心、求道心《ぐどうしん》の高さこそ松陰《しょういん》の生まれながらの持前《もちまえ》である。同囚《どうしゅう》たちはこのような松陰の仁《じん》愛《あい》と同情あふれる真心に感動せずにおられなかった。こうして野山獄《のやまごく》は一番年若い松陰を先生として学《まな》び舎《や》に変《かわ》るのである。同囚《どうしゅう》たちの心の中に明るさと喜びが徐々《じょじょ》にとり戻《もど》されていった。

しかし松陰は思いがけず家に帰されることになった。自宅における謹慎《きんしん》生活に変ったが、家では母の瀧子《たきこ》があたたかい食事を作ってくれ、垢《あか》のつかぬ着物を用意してくれる。しかし獄中《ごくちゅう》の人達は家族の愛情を受けることができない。松陰はそれを思うと一日も心の安らぐときがないのである。大罪《たいざい》を犯した自分でさえ許されて釈放《しゃくほう》されたのに、どうしてあの人たちは許されないのか。こう思った松陰は、藩主毛利敬親《はんしゅもうりたかちか》に十一人の者をどうか解放して下さいとの嘆願書《たんがんしょ》をさし上げた。その結果七人ほど牢屋《ろうや》から出られた。松陰はかくも愛情の深い人物であったのである。

松下村塾《しょうかそんじゅく》——日本を変えた奇蹟《きせき》の教育

松下村塾の教育は松陰《しょういん》が自宅に帰された安政《あんせい》三年（一八五六）の秋九月ごろから開始された。松陰の家が萩《はぎ》の郊外松本村《こうがいまつもと》にあったからこうよばれた。田舎《いなか》のごく小さな私塾《しじゅく》で、ここでの教育はわずか二年四ヵ月ぐらいしかなかった。学んだ人は百人未満《みまん》である。しかしこの松下村塾が長州《ちょうしゅう》を変え日本を変えたといって決して言い過ぎではない。一体、松陰はどんな教育をしたのであろう。それは下田《しもだ》で牢番《ろうばん》に説いた三つのこと、「皇国《こうこく》の皇国たる所以《ゆえん》」「人倫《じんりん》の人倫たる所以《ゆえん》」「夷《い》狄《てき》（欧米）の悪《にく》むべき所以《ゆえん》」である。それぞれ説明しよう。

㈠「皇国の皇国たる所以《ゆえん》」——「尊皇《そんのう》」

人間一人一人に個性・特性《とくせい》があるように、国家、民族にもよその国にはない個性、特性がある。日本を日本たらしめているもの、日本人の最も誇りとするところのものは何か。それは先に「日本歴史二つの奇蹟」の項でのべたように、建国以来「万世一系《ばんせいいっけい》」の天皇・皇室を戴《いただ》いていることである。国家の中心に天皇陛下がおられるということの有難《ありがた》さ、尊さを松陰《しょういん》は心魂《しんこん》をこめて弟子《でし》たちに語ったのである。松陰はこうのべる。

「およそ皇国《こうこく》の皇国たる所以《ゆえん》は、天子《てんし》（天皇）の尊《そん》（尊さ、尊厳《そんげん》）万古不易《ばんこふえき》（昔から今日まで変ることがない）なるをもってなり」

「独《ひと》りわが国のみ皇統《こうとう》（天皇の血統）連綿《れんめん》（継続すること）として、天壌《てんじょう》（天地）と窮《きわま》りなし（天地とともに永久に続く）」

わが国だけが神話の時代から現在まで皇統《こうとう》が断絶《だんぜつ》することなく革命《かくめい》なく二千年以上連綿《れんめん》として続いてきたことは、まったく人為《じんい》を超越《ちょうえつ》した神意《しんい》がそこにあると松陰は信じたのである。

しかし昭和二十年、大東亜《だいとうあ》戦争に敗れてアメリカの占領統治《せんりょうとうち》をうけ教育が大きく歪《ゆが》められた結果、日本人としてのこの根本的自覚を奪われ、「皇国の皇国たる所以《ゆえん》」を忘れ去り日本人の誇りが薄くなってしまい、民主主義の世の中に天皇はいらないという教育がまかり通ってきた。松本清張《せいちょう》という小説家は、天皇は不要《ふよう》という考えのもとに、こうのべている。

「天皇家を超える実力者は多くあらわれている。特に武力を持つ武家集団《ぶけしゅうだん》、平《たいらの》清盛《きよもり》でも源《みなもとの》頼朝《よりとも》でも、北条《ほうじょう》氏でも足利《あしかが》氏でも、また徳川《とくがわ》氏でもなろうと欲すればいつでも天皇になれた。どうして実力者は天皇にならなかったのか。誰もが知りたいことだが、歴史家はこれを十分に説明してくれない。学問的に証明できないのだという」

わが国だけ「万世一系《ばんせいいっけい》」の天皇が続いてきたのは、必ず深い理由があるはずである。結局それは何より天皇・皇室のあり方とご努力による。

天皇の最大の任務《にんむ》は祭《まつ》り、祭祀《さいし》である。常に国家、国民のために「国安《くにやす》かれ、民安《たみやす》かれ」のお祈りをなされることである。宮中三殿《きゅうちゅうさんでん》（賢所《かしこどころ》＝皇祖《こうそ》天照大御神《あまてらすおおみかみ》をお祭りする所。皇霊殿《こうれいでん》＝歴代《れきだい》天皇の御霊《みたま》をお祭りする所。神殿《しんでん》＝八百万《やおよろず》の神々をお祭りする所）においてお祭りをなされ、年中、国家の隆昌《りゅうしょう》（隆《さか》えること）・発展と国民の幸せを切《せつ》に祈っておられる。

天皇の国民に対する思いは、「大御宝《おおみたから》」という言葉にあらわされている。『古《こ》事記《じき》』『日本書紀《にほんしょき》』『祝詞《のりと》』には、「百姓・人民・公民・民」という言葉が出てくるが、それはすべて「おおみたから」「たみ」と読む。天皇にとり国民は「大御宝《おおみたから》」、つまり大切《たいせつ》に慈《いつく》しむべき大きな宝物だというのである。わが国においては、天皇と国民は一つの家の家族であり、国民は天皇にとりわが子・「赤子《せきし》」であり、天皇はすべての国民の親であるとの一体感を抱《いだ》いてきた世界でただ一つの国であった。だからとりわけ国家が危機、国難に直面した時、天皇はわが身《み》を投げ出されて国家国民を救おうとなされる。幕末の一大国難時、まさに孝明《こうめい》天皇はそうなされた。そのことに松陰《しょういん》が心の底から感動したことは先にのべた。

こうした天皇、皇室のあり方に対して、国民は心から天皇を仰《あお》ぎ慕《した》い、尊敬し敬愛してきたのである。そうして危機、国難にあたっては松陰のように、天皇のご恩に応《こた》えて、命を捧《ささ》げて尽《つ》くすことを厭《いと》わない人々が出たのである。このような歴史と伝統をもつ日本であったから、どんなに強大な力を持つ権力者が出現《しゅつげん》しても、天皇にとって代《かわ》ろうとする者が出なかったのである。もしそのようなことをするなら必ず国民から排除《はいじょ》されるからである。

このように国王と国民が真に敬愛と信頼の絆《きずな》で固く結ばれてきた国は、世界のどこにもない。松陰《しょういん》はこの世界に比類《ひるい》のない尊《とうと》い立派な日本の国のあり方・国体、歴史、伝統に対する自覚と誇りを村塾《そんじゅく》で学ぶ人々に精根《せいこん》をこめて教えた。一言でいうと「尊皇《そんのう》」である。維新《いしん》の志士達《ししたち》が立ち上ることのできた原動力《げんどうりょく》は、皇国日本《こうこくにっぽん》に生《せい》をうけた日本人としてのこうした自覚《じかく》と誇りにあったのである。

㈡「夷狄《いてき》を悪《にく》むべき所以《ゆえん》」――「攘夷《じょうい》」

欧米列強はこの世界に二つとない皇国《こうこく》日本・神国日本《しんこくにっぽん》を狙《ねら》い、植民地化・隷属《れいぞく》化《か》を目指《めざ》した。それは松陰や志士たちにとり全《まった》く疑問の余地《よち》のない現実であった。欧米のわが国に対する侮辱《ぶじょく》と無法に満ちた行為に対して、徳川幕府は独立国家としてあるまじき屈服《くっぷく》をし土下座外交《どげざがいこう》を行った。このまま推移《すいい》すれば日本は亡国《ぼうこく》の道しかない。欧米の侵略を断固《だんこ》として払いのけ、命を捧《ささ》げて皇国日本を守り抜き独立を維持《いじ》しなければならない。これが「攘夷《じょうい》」である。「尊皇《そんのう》」と「攘夷《じょうい》」は不可分一体《ふかぶんいったい》、表裏一体《ひょうりいったい》である。天皇国日本を従属化《じゅうぞくか》しようとする欧米の侵略から日本の独立を堅《かた》く維持するという松陰生涯《しょうがい》の任務《にんむ》を、いまだ年若い村塾《そんじゅく》の弟子《でし》

山口県・萩市にある「松下村塾」　幕末維新で活躍した多数の人物を輩出した。

たちと分《わか》ち担《にな》おうとして、その教育に全てをかけて心血《しんけつ》を注《そそ》ぎこんだのである。そうして弟子たちは松陰《しょういん》死後、その志を見事に受け継いで立上《たちあが》るのである。

㈢「人倫《じんりん》の人倫たる所以《ゆえん》」

松陰が村塾生《そんじゅくせい》に教えた三つ目は、尊皇と攘夷の道に生きる者が、踏《ふ》み行《おこな》わねばならない人間としての道、日本人としての正しい生き方である。松陰は人間として最も心の正しい清らかな高貴《こうき》な品性《ひんせい》をもつ稀有《けう》の人格者であった。松下村《しょうかそん》塾《じゅく》で学ぶ人々は何より松陰のこの世にほとんど類《るい》のない高い人間性、何ともいえない純真《じゅんしん》な人間味《にんげんみ》に感化《かんか》され陶冶《とうや》されたのである。人間として武士としていかにあるべきかを示したのが、「士規《しき》七則《しちそく》」である。これはいとこの玉木彦介《たまきひこすけ》の元服《げんぷく》(十五歳、一人前の武士になること)の時に書き与えたものだが、村塾《そんじゅく》教育の基本となった。

「士規《しき》七則《しちそく》」——人間として日本人としていかにあるべきか

一、凡《およ》そ生《うま》れて人たらば、宜《よろ》しく人の禽獣《きんじゅう》に異《こと》なる所以《ゆえん》を知るべし。蓋《けだ》し人には五倫《ごりん》あり。而《しこう》して君臣父子《くんしんふし》を最《もっと》も大《だい》なりと為《な》す。故《ゆえ》に人の人たる所以《ゆえん》は忠《ちゅう》孝《こう》を本《もと》と為す。

人間として生まれたならば、人が禽獣《きんじゅう》(鳥・けだもの・動物)とは異《こと》なる理由を知らねばならない。そもそも人間には踏《ふ》み行《おこな》わなければならない大切な五つの道がある。それは、君臣《くんしん》・親子《おやこ》・夫婦《ふうふ》・長幼《ちょうよう》・朋友《ほうゆう》の道である。国民として天皇につくす「忠《ちゅう》」の道、子として親を敬《うやま》い大切にする「孝《こう》」の道、夫婦が親しみ睦《むつ》み合《あ》う道、弟妹《ていまい》が兄姉《けいし》を敬《うやま》い兄姉が弟妹を慈《いつく》しむ道、友だちがお互い信じ合って交《まじ》わる道、それが五倫《ごりん》(倫は道という意味)であり、動物にはなく人間にだけある倫理・道徳である。その五つの道の中で最も大切なのが、忠《ちゅう》と孝《こう》である。それゆえに人間の人間たる理由、人倫《じんりん》の人倫たる理由は、忠と孝を人の生きる道の根本とするところにあるという意味である。「人倫の人倫たる所以《ゆえん》」について簡潔に力強くのべている。

ところが昭和二十年以後今日までの社会と学校教育において、この忠と孝がかえりみられず軽視され否定されてきたのである。「忠や孝は今は通用しない古くさい封建《ほうけん》的な道徳だ。天皇も国民も平等だ。親も子も平等だ。天皇や親を尊敬する理由、必要はない」という誤《あやま》った教育が大手をふるってきた。そうして大切なのは「自由・平等・人権」だと言ってきた。そのような教育から生まれてくるのは結局、自分中心の利己主義者《りこしゅぎしゃ》である。人間が生きてゆく上に大切な道徳は日本人が昔から伝えてきた忠や孝であり、また、誠《まこと》、真心《まごころ》、正直《しょうじき》、道義《どうぎ》、勇気、思いやり、慈《いつく》しみ、人情《にんじょう》、感謝《かんしゃ》、報恩《ほうおん》、義理《ぎり》、慎《つつし》み、謙虚《けんきょ》、礼節《れいせつ》、献身《けんしん》、克己《こっき》、勤勉《きんべん》などである。松陰《しょういん》はこれら人間本来の倫理《りんり》道徳を最も欠けることなく備えた人物であった。

一、凡《およ》そ、皇国《こうこく》に生まれては、宜《よろ》しく吾《わ》が宇内《うだい》に尊《とうと》き所以《ゆえん》を知るべし。蓋《けだ》し、皇朝《こうちょう》は万葉一統《ばんよういっとう》にして、邦国《ほうこく》の士夫世々禄位《しふよよろくい》を襲《つ》ぐ。人君民《じんくんたみ》を養《やしな》いて以《もっ》て祖業《そぎょう》を続《つ》ぎたまい、臣民君《しんみんきみ》に忠《ちゅう》して以《もっ》て父志《ふし》を継《つ》ぐ。君臣一体《くんしんいったい》、忠孝一致《ちゅうこういっち》、唯《た》だ吾《わ》が国《くに》を然《しか》りと為《な》す。

日本人として皇国《こうこく》(天皇国)に生まれたならば、天皇を国家の中心に戴《いただ》く日本の国柄《くにがら》・国体《こくたい》(国のあり方)が、宇内《うだい》(世界)の中にあって比類《ひるい》なく尊い理由を知らなければならない。そのわけは、皇朝《こうちょう》(皇国、朝廷)は神武《じんむ》天皇建国以来、皇室の血統がとだえることなく続いてきたことである(それが「万葉一統《ばんよういっとう》」、「万《ばん》世一系《せいいっけい》」ともいう)。これまで世を治めてきた公家《くげ》や武家《ぶけ》・武士はみな天皇・朝廷から官位《かんい》を授けられ土地・人民をあずけられて政治を行い人々を養ってきた。公家《くげ》・武士そして万民《ばんみん》は天皇・朝廷《ちょうてい》に対して常に変ることなく忠義《ちゅうぎ》・忠《ちゅう》誠《せい》を尽《つく》してきた。いま私たちが天皇に忠を尽すことは、私たちの父祖《ふそ》・祖先がそうしてきた心・志《こころざし》を受けつぐことにほかならない。親・祖先の天皇への忠義・忠誠の心を受け継ぐことが、真実の孝になる。このように天皇と国民が強い絆《きずな》で結ばれ「君臣一体《くんみんいったい》」であり、忠と孝が一致するのはただわが日本だけであるという意味である。

となりのシナの国の歴史は革命《かくめい》の歴史であり、王朝《おうちょう》がいつも変る。革命が起こされ前王朝が倒されて新王朝ができると、国民はその王朝に忠義を尽さなければならない。父が忠誠を尽してきた国王が革命によって倒された場合、今度その子供が忠誠を尽さなければならないのは、父親が忠誠を尽してきた国王を倒したかつての家来《けらい》あるいは異民族の新しい国王である。それゆえ忠と孝は一致《いっち》せず、新しい国王に忠誠を尽すことは親への不孝となる。また革命というのは臣下《しんか》が主《しゅ》君《くん》を打ち倒し代《かわ》って国王になるのだから「君臣一体《くんしんいったい》」の破壊である。シナには孔《こう》子《し》や孟子《もうし》が出て儒教《じゅきょう》がおこされ、忠孝《ちゅうこう》の道徳がやかましく説かれたが、忠孝一《ちゅうこういっ》致《ち》、君臣一体《くんしんいったい》は現実に成り立たなかったのである。松陰《しょういん》は革命《かくめい》による王朝の断《だん》絶《ぜつ》・交代《こうたい》のない「万世一系《ばんせいいっけい》」の天皇中心の日本の国柄《くにがら》・国体こそ、世界に全《まった》く類のない尊い至宝《しほう》との思いを深く抱《いだ》いていたのである。

一、士《し》の道は義《ぎ》より大なるはなし。義《ぎ》は勇《ゆう》によりて行われ、勇は義に因《よ》りて長《ちょう》ず。

武士の道は、義《ぎ》（道義《どうぎ》・正義）を守り、義を実践《じっせん》することが最も大切である。義を行うことが勇《ゆう》（勇気）であり、勇は義の上に立って行われてこそ真の勇気となるという意味である。義は何より大事だが、勇気がなければいくら正しいことでも実行できない（これを「義を見てせざれば勇なきなり」といった）。義と勇は表裏一体《ひょうりいったい》、分けることのできない道徳である。松陰《しょういん》の一生はこの義の実践であり、松陰の生涯ほど義勇《ぎゆう》の精神に貫《つらぬ》かれたものはなかった。

一、士《し》の行《おこない》は質実《しつじつ》欺《あざむ》かざるを以《もっ》て要《かなめ》と為《な》し、巧詐過《こうさあやまち》を交《かざ》るを以《もっ》て恥《はじ》と為《な》す。光明正大《こうめいせいだい》、皆是《みなこれ》より出《い》ず。

武士の行動、振舞《ふるまい》は誠実《せいじつ》で飾《かざ》り気《け》がないことを根本とし、ごまかし、嘘偽《うそいつわ》りを何より恥《はじ》とする。光明正大《こうめいせいだい》とは明るく清らかで正直な広大な心であり、古語《こご》にある「明《あか》き清《きよ》き直《なお》き誠《まこと》の心」である。松陰《しょういん》ほどの嘘偽《うそいつわ》りのない「光明正大」の心の持主は少なかった。

一、人古今《ひとここん》に通《つう》ぜず、聖賢《せいけん》を師《し》とせざれば、則《すなわ》ち鄙夫《ひふ》のみ。読書尚友《どくしょしょうゆう》は君子《くんし》の事《こと》なり。

人間は古今《ここん》の歴史をよく学ばず、聖人《せいじん》・賢者《けんじゃ》・偉人《いじん》を師として胸に抱《いだ》き自己の人格を磨《みが》かなければただの凡人《ぼんじん》に終る。それゆえに読書に励み、歴史上の偉人に学ばなければならない。それなくしては君子《くんし》(りっぱな人物)になりえない。松陰は「楽しむ所は好書《こうしょ》と良友《りょうゆう》」といっている。松陰ほど「読書尚友《どくしょしょうゆう》」につとめた人は少ない。

一、徳《とく》を成《な》し材《さい》を達《たつ》するには、師恩友益多《しおんゆうえきおお》きに居《お》り。故《ゆえ》に君子《くんし》は交游《こうゆう》を慎《つつし》む。

すぐれた人格を作り上げ才能を発揮《はっき》するためには、立派な師(先生)の恩恵《おんけい》、友人からの助けがなくてはならない。それゆえに君子《くんし》は慎重《しんちょう》に交遊《こうゆう》しよき師よき友を求めなければならない。松陰《しょういん》には多くのよき師、よき友の恩恵があった。
一、死《し》して後已《のちや》む(死而後已)の四字《じ》は言簡《げんかん》にして義広《ぎひろ》し。堅忍果決《けんにんかけつ》、確乎《かっこ》として抜《ぬ》くべからざるものは、是《これ》をおきて術《すべ》なきなり。
高い志をもって死ぬまで一心に努めることが、「死して後已《のちや》む」である。言葉は短いが意味は深い。意志が堅《かた》くいかなる艱難辛苦《かんなんしんく》にも耐《た》え抜《ぬ》き、事《こと》に当《あた》っては決然《けつぜん》として実行することができるのは、この死して後已《のちや》むという精神がなくてはかなわない。松陰二十九年の生涯《しょうがい》はまさしく「死して後已む」であった。

弟子達を覚醒《かくせい》させた松陰の至誠《しせい》と祈り
――「誠《まこと》を天地に立て心を道義《どうぎ》に存《そん》す」

松陰にはもう一つ重要な文章がある。松陰は野山獄《のやまごく》で『孟子《もうし》』の講義をしていたが中断《ちゅうだん》した。家に戻《もど》ってから父の百合之助《ゆりのすけ》が「寅次郎《とらじろう》、私たちが聴くから続けなさい」と言って、父、兄、親戚《しんせき》の数人が講義を受けた。父や兄が松陰を師として学ぶ、これが杉家であった。このような素晴らしい親を持つ家庭だから、松陰《しょういん》のような人物が出たのである。こうして出来上《できあが》ったのが『講孟余話《こうもうよわ》』だが、その中でこうのべている。

「まず一心《いっしん》を正《ただ》し、人倫《じんりん》の重きを思い、皇国《こうこく》の尊《とうと》きを思い、夷狄《いてき》の禍《か》(欧米が日本を侵略、支配せんとしていること)を思い、事につき類《るい》に触《ふ》れ相《あい》ともに切磋講究《せっさこうきゅう》(人格を磨《みが》き合い学び合うこと)し、死に至るまで他念《たねん》なく、片言隻語《へんげんせきご》もこれを離るることなくんば(なければ)、たとい幽囚《ゆうしゅう》に死すといえども天下後世《てんかこうせい》必ず吾《わ》が志《こころざし》を継《つ》ぎ成《な》す者あらん」

ここにも「皇国《こうこく》の皇国たる所以《ゆえん》」「人倫《じんりん》の人倫たる所以《ゆえん》」「夷狄《いてき》の悪《にく》むべき所以《ゆえん》」という三ヵ条が示されている。この三つを自分は志を同じくする人々と学び合い人格を磨《みが》き合い、死ぬまでこの三つ以外のことを思わない(他念《たねん》なく、片《へん》言隻語《げんせきご》もこれを離れない)。そうするならば、この家からは一歩も出られない幽囚《ゆうしゅう》生活で一生を終ろうとも、後世《こうせい》必ずわが志《こころざし》を受け継いで立派に成就《じょうじゅ》する人物が出てくるに違いない、と言うのである。

まだ松下村塾《しょうかそんじゅく》の教育が始まる前である。もし他人がこれを聞けば「自宅謹慎《じたくきんしん》処分《しょぶん》で身動《みうご》きも出来ないような人間が、なんと馬鹿なことを言っているのか。大《たい》言壮語《げんそうご》もいい加減《かげん》にしろ」と思ったことであろう。しかしここに松陰《しょういん》の心の底からの深い祈り、神かけた願いがあったのである。そうしてやがてそれは松下《しょうか》村塾《そんじゅく》の教育によって、松陰の死後実現されたのである。これほどの言葉を吐《は》き、これを実現した松陰の偉大さがここにある。松陰のこの気高《けだか》い精神は百年以上たった今日においても私たちの心を深く打ってやまない。欧米の侵略を打ち払い、国家民族の独立を維持《いじ》し、皇国《こうこく》日本の国体を護り抜こうとする松陰の一生をかけた志《こころざし》、祈り、神願《しんがん》がいかに深いものであったかを知らなければならない。松陰のこの限りない熱烈な愛国、憂国《ゆうこく》の至誠《しせい》と祈りが村塾《そんじゅく》の弟子達の心の奥底を揺さぶり、日本人の魂を覚醒《かくせい》させたのである。

　松陰の先生ぶりについて後年塾生《じゅくせい》たちがいろいろ書き残している。松陰は決して教師面《づら》をせず、いかなる人に対しても誠意《せいい》をもって深切《しんせつ》、温和《おんわ》な態度でやさしく接した。塾には身分《みぶん》を問わず誰でも入《はい》れた。入門者に対して松陰はいつも

「教授はあたわざるも君等《きみら》とともに講究《こうきゅう》せん」「ご勉励《べんれい》なされられい」と言った。講義ぶりにつき、ある人はこう記している。

「先生、門人《もんじん》に書を授《さず》くるときは満眼《まんがん》涙を含《ふく》み声をふるわし、甚《はなは》しきは熱涙点々《ねつるいてんてん》書《しょ》に滴《したた》るに至《いた》る。是《ここ》を以《もっ》て門人もまた自《おのずか》ら感動して流涕《りゅうてい》（涙を流す）するに至る。また逆臣《ぎゃくしん》（主君に反逆《はんぎゃく》する臣）君を苦しますが如《ごと》きに至《いた》れば、目《ま》なじり裂《さ》け声大《だい》に怒髪逆立《どはつさかだ》ち（怒りにより髪がふるえ立つこと）するもののごとし。弟子また自《おのずか》らこれを悪《にく》むの情《じょう》を発《はっ》す」

教育ぶりが目に見えるようである。村塾生《そんじゅくせい》は松陰《しょういん》をいかに見ていたか。

「実に想像外の人であった。いかにも厳格《げんかく》にて激烈《げきれつ》なる人の様《よう》に思われるが実は決してしからず、温順《おんじゅん》で怒《いか》るということのなき人であった。しかしながら塾生《じゅくせい》は一人として先生を恐れざるものはなく、みな先生を見てびくびくしていた」

「先生は日常礼に厚くまた謙遜家《けんそんか》であった。門生《もんせい》の退塾《たいじゅく》の際《さい》の如《ごと》き必ず玄関まで見送って、しかも最後に『あれを忘るな』『あれはかくかくせよ』などと注意を与えられたものである。先生はよほど親切な人であった」

「炯々《けいけい》（よく光ること）たる眼光《がんこう》は直《ただ》ちに人の肺腑《はいふ》（心の奥底）を貫《つらぬ》くようであった。じっと私の顔を見詰《みつ》められた時には言い知れず粛然《しゅくぜん》（厳粛《げんしゅく》な気分になること）として自《おのずか》ら容《かたち》の改《あらた》まるのを覚えなかった。これは実に先生の至誠《しせい》が肺肝《はいかん》（心の奥底）に感応《かんのう》するものがあったによることと思われる」

松陰《しょういん》の人柄、人格に対して塾生《じゅくせい》たちはみな言葉につくしがたい感化《かんか》、影響を受けたことがわかる。ある人は松陰がいかなる人間であったかは、「到底《とうてい》口をもって説明しえず」と言っている。松陰が座右《ざゆう》の銘《めい》とした言葉が、「至誠《しせい》にして動かざるものいまだこれあらざるなり」（『孟子』にある言葉）である。もう一つが松陰自身の言葉、「誠《まこと》を天地《てんち》に立て心を道義《どうぎ》に存《そん》す」である。誠《まこと》（至誠）と道義《どうぎ》を生《しょう》涯貫《がいつらぬ》いた人が吉田松陰であったのである。松陰が最晩年に詠《よ》んだ詩の中の一句が、「松下陋村《しょうかろうそん》（田舎の小さな塾）と雖《いえど》も誓《ちか》って神国《しんこく》の幹《みき》たらん」であった。

4、七生報国《しちしょうほうこく》の志《こころざし》

再びアメリカに屈服《くっぷく》した幕府

松下村塾《しょうかそんじゅく》における松陰《しょういん》の教育は明治維新《めいじいしん》を導いた原動力《げんどうりょく》として今でこそ高く評価されているが、当時はほとんど誰もかえりみないみすぼらしいいなかの小塾の教育にすぎなかった。始めはたった八畳《じょう》の小屋、やがて十畳半建て増しされた。松陰は鎖国《さこく》の禁《きん》を破った世の中を乱す「乱民《らんみん》」と見られ、過激《かげき》の人物と危険《きけん》視《し》されていた。しかしこの中から久坂玄瑞《くさかげんずい》、高杉晋作《たかすぎしんさく》を始めとする人々が生まれるのである。松陰《しょういん》の生涯《しょうがい》は困難と失敗の連続で最後は死刑という大挫折《だいざせつ》であった。しかしその大挫折の人生が長州《ちょうしゅう》を変え、日本を変えるのである。

松陰が憂慮《ゆうりょ》した通り日本の危機はさらに深まった。それは安政《あんせい》五年（一八五八）、徳川幕府が再びアメリカの威嚇《いかく》に屈して、日米修好通商条約《にちべいしゅうこうつうしょうじょうやく》を結んだことによる。欧米列強《おうべいれっきょう》の目的は劣等人種と蔑《さげす》む有色民族を全て植民地《しょくみんち》として支配し、その人々を召使《めしつか》いとして奴隷化《どれいか》することである。彼らはそれをキリスト教の神から許され認められた「白人の使命」と信じて疑わなかった。当時、植民地を求めて争い合っていたのは世界覇権《はけん》国家（世界を支配する国）であるイギリスとこれに対《たい》抗《こう》するロシア、フランス、ドイツと新興国《しんこうこく》アメリカでこれらが世界の「五強《きょう》」である。この五強が最後に残された植民地の宝庫《ほうこ》である東アジアに殺到《さっとう》した。清《しん》はこのあとイギリス・ロシア・フランス・ドイツにより事実上分割支配《ぶんかつしはい》され亡国《ぼうこく》の道を直進《ちょくしん》した。

最後に残されたのは日本である。幕末期《ばくまつき》、ドイツを除《のぞ》く四強《よんきょう》が日本を狙《ねら》った。国力、軍事力、経済力、科学技術、どれも全く比較にならない。四強のうち一国だけでも対抗は不可能なのに、四国《よんこく》がほぼ同時にやってきたのである。日本以外の有色民族は全く抵抗できず欧米に支配されたのだから、本来ならば清国《しんこく》と同じように、この四強によって北海道・本州・四国・九州の四島は分割支配《ぶんかつしはい》されたに違いない。このままでは間違いなく日本は欧米に滅ぼされ支配されるという恐怖《きょうふ》感《かん》は、今日の平和に慣《な》れた日本人にはなかなか実感《じっかん》しにくいかもしれないが、松《しょう》陰《いん》たちのこうした切実《せつじつ》な恐怖感と危機感《ききかん》がわからなければ、明治維新《めいじいしん》は到底《とうてい》理解できない。

この日米修好通商条約《にちべいしゅうこうつうしょうじょうやく》は重大な欠陥《けっかん》をもつ不平等条約であった。関税自主《かんぜいじしゅ》権《けん》がなかったことと、治外法権《ちがいほうけん》（領事裁判権《りょうじさいばんけん》ともいう）をアメリカに認めたことである。外国の製品が輸入《ゆにゅう》される時、その製品に関税《かんぜい》（税金）を自主的《じしゅてき》にかけることができるのが独立国だが、アメリカは日本にそれを認めなかった。また外国人が日本国内で犯罪を犯《おか》した場合、日本の裁判官《さいばんかん》は裁《さば》くことができず、アメリカの領事《りょうじ》がアメリカの法律によって裁くというのが治外法権である。この条約が対等条約になったのは、まず明治三十二年（一八九九）に治外法権がなくなり、次いで明治四十四年（一九一一）に関税自主権《かんぜいじしゅけん》を回復、五十三年後である。日本は半世紀間、不平等条約に苦しんだのである。

アメリカの総領事《そうりょうじ》ハリスは幕府に条約締結《ていけつ》を強く迫《せま》り、「アメリカ西海岸に百隻《せき》の軍艦が待機《たいき》している。私が一声《ひとこえ》かけたら、この百隻の軍艦が殺到《さっとう》して戦争をするぞ」と脅迫《きょうはく》を重ねた。これがアメリカのやり方である。つまり日本を独立国として尊重せず、劣等人種として見下《みくだ》し軍事力をもって恫喝《どうかつ》してアメリカの一方的要求を強制《きょうせい》する。今日の言葉でいうとアメリカ流のやり方、アメリカ中心の「グローバルスタンダード（国際的基準）」に合わせろ、拒否《きょひ》したら戦争をするぞ、勝目《かちめ》はないだろう、黙ってアメリカに従えということである。決して日本に対して礼儀正しく友好・親善・貿易を求めたのではなく、アメリカの言いなりの従属国《じゅうぞくこく》にしようとしたのである。これがアメリカの日本に対する基本的姿勢《きほんてきしせい》であり、それはこのあと一貫《いっかん》しており大東亜《だいとうあ》戦争のときまで続くのみならず、この戦いに敗れた戦後も変らず一層《いっそう》強められ現在に至っている。

孝明《こうめい》天皇の詔《しょうちょく》勅にそむいた幕府の大罪《たいざい》

徳川幕府はこの時も全く腰が砕《くだ》け結局、屈服《くっぷく》した。その際、幕府は一応《いちおう》諸大名の意見を聞いた。大半が意見なく、一部が賛成、一部が反対した。反対した中に御三家《ごさんけ》の尾張《おわり》と水戸《みと》がいた。困った幕府は反対派をおさえつける為《ため》に、孝明天皇に条約締結《ていけつ》を許可していただく詔《しょうちょく》勅を出してもらおうとしたのである。本来、幕府は政治外交の重大事につき一々朝廷《ちょうてい》にお伺《うかが》いを立てなくてよかったのだが、朝廷の絶大な権威《けんい》を利用しようとしたのである。

江戸時代は学問が発達し、儒教《じゅきょう》や国学《こくがく》や水戸学《みとがく》が盛んになった。その結果、幕府が日本の国を統治《とうち》する権限《けんげん》・正当性《せいとうせい》は天皇によって認められ与えられたものであり、将軍は天皇から「征夷大将軍《せいいたいしょうぐん》」に任命されることによりはじめて日本を統治する権限をもつことができるのであり、天皇の精神的権威は幕府の政治権力の上にあるということが学問的にも明らかにされた。既にのべた様《よう》に日本の主《しゅ》君《くん》・中心者は天皇であり、征夷大将軍《せいいたいしょうぐん》はあくまで臣下《しんか》であり天皇に従う侍《さむらい》大将《しょう》として、天皇と日本を外国の侵略から守る存在であるということが全ての武士・民百姓《たみひゃくしょう》に理解されていたのである。

幕府は孝明《こうめい》天皇はご許可されるに違いないと思い、ご裁可《さいか》の詔勅《しょうちょく》をいただいたならば反対派を納得《なっとく》させることができると考えたのである。ところが孝明天皇は猛反対された。明治《めいじ》天皇の父君《ちちぎみ》である孝明天皇は松陰《しょういん》が深く感激したようにまことに偉大な天皇であった。天皇はこのような欠陥《けっかん》のある不平等条約を結んだならば、日本はやがて必ずインド・清《しん》のように欧米の植民地・隷属国《れいぞくこく》となり亡国《ぼうこく》の憂目《うきめ》を見ると思われて許可されなかったのである。実に正しいご判断であり、日本の中心者としての鋭い本能的直観《ほんのうてきちょっかん》であったのである。これまでわが国の学者たちは孝明天皇と当時の朝廷《ちょうてい》について、海外情勢に無知でありむやみに外国を恐れ嫌悪《けんお》する頑迷固陋《がんめいころう》（頑固《がんこ》でにぶいこと）の排外主義者《はいがいしゅぎしゃ》と見てきたが、それは全くの誤解《ごかい》であり偏見《へんけん》である。孝明天皇は真に国難《こくなん》を憂えられてやまぬ高貴《こうき》な人格と深い見識《けんしき》と洞察力《どうさつりょく》の持主《もちぬし》であったのである。幕府の政治外交こそ根本的に間違っていた。
孝明《こうめい》天皇はこの重大問題においてなお強い反対があるのだから、もう一度諸大《しょだい》名《みょう》の意見をよく聞き衆議《しゅうぎ》をつくし国内一致したならば再び私に裁可《さいか》を求めなさいとの詔勅《しょうちょく》を下《くだ》されたのである。お伺《うかが》いを立てたからには従わなければならないが、幕府は詔勅に違反して条約に調印した。これを「違勅調印《いちょくちょういん》」という。幕府はアメリカにおどされるままに屈服《くっぷく》し、わが国の主君《しゅくん》たる孝明天皇のご命令にそむき詔勅をふみにじったのである。孝明天皇は全《まった》く本末《ほんまつ》を転倒《てんとう》した幕府のやり方に深く憤《いきどお》られた。この幕府の許すべからざる大罪《たいざい》に対して猛烈《もうれつ》な非難《ひなん》がおこり、反対運動が巻《ま》きおこされたのは当然であろう。

　このように徳川幕府の政治外交は天皇、朝廷《ちょうてい》にさからい、アメリカにひたすら屈従《くつじゅう》するものであり、日本の自主独立《じしゅどくりつ》を断固として守り抜くという気概《きがい》（強い気持）や勇気は少しもなかった。先にのべたように征夷大将軍《せいいたいしょうぐん》の任務は、外国の無法な圧力、侵略を払いのけて天皇・朝廷をお守りし日本の独立を堅持《けんじ》することであったが、幕府はこの重大な任務を放棄《ほうき》し続けたのである。国内では大きな権力と武力を誇って諸大名に対し威張《いば》りかえっているのに、アメリカには平身低頭《へいしんていとう》であった。弱い者には威張り強い者にはへつらい迎合《げいごう》し屈従《くつじゅう》する。これが徳川幕府の情《なさけ》ない実体《じったい》であった。アメリカは武力で威圧《いあつ》すれば幕府は必ず屈服《くっぷく》するとなめきっていたのである。こうして日本は八方ふさがりとなり、滅亡《めつぼう》の淵《ふち》に追いやられるのである。

この違勅《いちょく》調印《ちょういん》の責任者が大老《たいろう》井伊《いい》直弼《なおすけ》である。井伊は幕府のこの取り返しのつかぬあやまちを反省するどころか、逆に幕府を強く批判した朝廷《ちょうてい》の首脳《しゅのう》、御《ご》三家《さんけ》の尾張《おわり》、水戸《みと》、親藩《しんぱん》大名の松平《まつだいら》慶永《よしなが》らを容赦《ようしゃ》なく処罰《しょばつ》、そして松陰《しょういん》や橋本《はしもと》左内《さない》を死刑にしたのだ。これが安政《あんせい》の大獄《たいごく》である。井伊は孝明《こうめい》天皇の詔勅《しょうちょく》をふみにじり、朝廷《ちょうてい》の主《おも》な人たち、大名、志士《しし》たちを弾圧《だんあつ》する一方、アメリカに恐れおののき日本を劣等国として見下すアメリカに降参《こうさん》、屈従《くつじゅう》したのである。

日本滅亡の危機

大老《たいろう》井伊《いい》と徳川幕府のこのような政治外交は、独立国家としてふさわしいものであろうか。決してあってはならぬ許すことのできない過《あやま》ちと深く憂《うれ》えたのが松《しょう》陰《いん》であった。村塾《そんじゅく》の教育は藩《はん》からおとなしくしているならいいだろうと黙認《もくにん》されてはいたが、松陰が政治的行動を行うことは固《かた》く禁じられていた。しかし今や日本は断崖絶壁《だんがいぜっぺき》から谷底に墜落《ついらく》せんとしているこの上ない危機に立っていると松陰は思った。もういても立ってもいられず、命を捨てて立ち上ろうとしたのが、人生最後の二十八歳、二十九歳の時である。条約が結ばれた安政《あんせい》五年から翌年秋刑死《けいし》するまでの約二年間こそ、松陰がその全生命を燃やして祖国を滅亡から救い出そうとして苦悶苦闘《くもんくとう》した血と涙の悲史《ひし》であり、吉田松陰の名を日本歴史に永遠に印《しる》しとどめることになった最も高貴《こうき》なる敗北の歴史である。松陰は幕府がハリスと条約を結ぶ直前の安政五年（一八五八）の春こうのべている。

「幕府いよいよアメリカに降参《こうさん》、属国《ぞっこく》に甘《あま》んぜられ候《そうろう》よう相見《あいみ》え候《そうろう》（条約を結んでアメリカの従属国《じゅうぞくこく》になろうとしている）」

「いくえにも思いかえても、この時大和魂《やまとだましい》を発《はっ》せねば、もはや時はこれ（日本を亡国《ぼうこく》から救う機会）なきよう覚《おぼ》え申《もう》し候《そうろう》」

「今日、アメリカの謀《はかりごと》（日米修好通商条約《にちべいしゅうこうつうしょうじょうやく》のこと）行われれば、すなわち国危《あやう》くして亡《ほろ》びん」

ところが同年三月三日、孝明《こうめい》天皇は条約不許可《じょうやくふきょか》の詔勅《しょうちょく》を出された。これを知った松陰《しょういん》はその感激をこうのべている。

「天朝勅諚《てんちょうちょくじょう》（詔勅《しょうちょく》）の趣《おもむき》、伝え聞く。御奮発興起《ごふんぱつこうき》（孝明《こうめい》天皇が日本の危機を払いのけようと奮《ふる》い起《た》たれたこと）、実《じつ》に手の舞《ま》い足の踏《ふ》むを忘れて感服《かんぷく》し奉《たてまつ》り、神州《しんしゅう》の中興《ちゅうこう》（神国《しんこく》日本が再び興起すること）この時と存《ぞん》じ日夜心肝《にちやしんかん》を砕《くだ》き候《そうろう》」

「勅諭《ちょくゆ》（詔勅）一《ひと》たび発《はっ》せられて、天下みな震《ふる》う（震い立つ）。大機《たいき》の会《かい》（絶好の機会）しばしば失うべからず。今にして前局《ぜんきょく》（これまでの幕府の対米屈従外交《たいべいくつじゅうがいこう》）を変《へん》ずる能《あた》わずんば、神州《しんしゅう》のことそれ熄《や》む（日本が亡ぶこと）にちかし」

孝明《こうめい》天皇が詔　勅《しょうちょく》を下《くだ》された今こそ、日本が亡国《ぼうこく》の危機から立《た》ち上《あが》る絶好の機会であり、この機会を失ったならば日本はもう終りとまで松陰《しょういん》は現状を厳しく捉《とら》えた。しかし幕府はとっくに腐《くさ》り果《は》てていたのである。幕府の態度は少しも変らず、ハリスは幕府を脅《おど》し続けた。四月ごろ松陰はこうのべている。

「アメリカの脅嚇《きょうかく》（脅迫《きょうはく》・威嚇《いかく》）、幕府おそれてこれを聴き、また国体《こくたい》（皇国《こうこく》日本のあり方）を顧《かえり》みず。戦いを畏《おそ》れて和《わ》を講《こう》ずる（アメリカの軍事力を恐れ、戦っても勝てないから、アメリカの要求する不平等条約である通商条約を結ぶこと）、これ聖天子《せいてんし》（孝《こう》明《めい》天皇）の軫念《しんねん》（天皇がお心を深く痛められること）したまう所以《ゆえん》（理由）なり。天勅《てんちょく》（天皇の詔　勅《しょうちょく》）は奉《ほう》ぜざるべからず（詔勅をその通り謹《つつし》んで実行すること）。墨夷《ぼくい》（アメリカ）は絶《た》たざるべからず（アメリカの脅迫、強圧《きょうあつ》を払《はら》いのけること）。吾《わ》が国は三千年来《らい》いまだかつて人（他国）の為《ため》に屈《くつ》を受けず（屈服《くっぷく》したことはない）、宇内《うだい》（世界）に称《しょう》して独立不羈《どくりつふき》（他国の支配を受けないこと）の国となす」

わが国はこれまで外国の圧力、侵略に一度も屈服したことはなかった。中世、世界最強を誇った蒙古《もうこ》（元《げん》）が再度攻めて来たが、日本はこれを撃滅《げきめつ》した。建国以来一度も他国に屈服《くっぷく》し外国の支配を受けない国こそ日本であり、それが全ての武士、全ての日本国民の誇りであった。ところが強大な武力をもって諸大名《しょだいみょう》を支配してきた幕府が、アメリカの軍事力と脅迫《きょうはく》に肝《きも》を潰《つぶ》して震《ふる》え上《あが》り戦いを放棄《ほうき》し目も当てられぬ土下座外交《どげざがいこう》を繰《く》り返《かえ》して、再び屈服しようとしている。一体、徳川幕府の面々《めんめん》はそれでも武士といえるのか、武士としての誇りや恥が少しもないではないか。天皇に委任《いにん》されて日本の政治外交を担当しているが、外国の威圧《いあつ》から日本の独立を守り抜く征夷大将軍《せいいたいしょうぐん》の責務《せきむ》を少しも果《は》たしていないではないか。このままでは日本は欧米に支配され隷属化《れいぞくか》するほかはないではないか。これが孝明《こうめい》天皇の心からの憂慮《ゆうりょ》であったのである。そうして松陰《しょういん》もまた全く同じ気持であった。

孝明天皇のお心を安《やす》んじ奉《たてまつ》ること――志士《しし》たちの願い

松陰はいう。

「今上皇帝《きんじょうこうてい》(孝明天皇《こうめい》)の夷狄《いてき》(欧米)を憤《いきどお》らせ給《たま》うこと決して一朝一夕《いっちょういっせき》にあらず、ペリーの浦賀来航《うらがらいこう》以来、毎晨《まいしん》(毎朝)寅《とら》(午前三時より五時まで)の刻《こく》より、玉体《ぎょくたい》(天皇の身体)を斎戒《さいかい》(清められること)し、敵国懾伏《てきこくしょうふく》(欧米が日本を恐れて降伏すること)、蒼生安穏《そうせいあんのん》(国民の幸福と平和)を御祈願《ごきがん》なされ、……宸衷《しんちゅう》(お心のうち)なにほどか苦《く》悩《のう》に思《おぼ》し召《め》さるることにやあらん。一日も早くこれ(孝明天皇のお心)を安《やす》んじ奉《たてまつ》らでは、臣子《しんし》(臣下《しんか》、日本国民)の道いかでか尽《つ》せりと申すべきや」

これが松陰《しょういん》の孝明天皇に対する心である。第一巻の坂本龍馬《さかもとりょうま》のところでのべたが、松陰も龍馬も孝明天皇の真に国家国民を思われる御心《みこころ》を安んじ奉《たてまつ》ることを心の底から願ったのである。

安政《あんせい》五年(一八五八)六月、幕府は日米修好通商条約《にちべいしゅうこうつうしょうじょうやく》を違勅調印《いちょくちょういん》した。松陰は長州藩《ちょうしゅうはん》政府に、井伊《いい》の独裁専制《どくさいせんせい》に対して断然《だんぜん》立《た》ち上《あが》るべきとの意見書を出した。長州藩は毛利元就《もうりもとなり》以来の勤皇《きんのう》の伝統をもつ藩であった。だが御三家《ごさんけ》さえ遠慮せず処罰《しょばつ》する井伊直弼《いいなおすけ》だから、長州藩もすっかりおびえて何も出来ない。そこで松陰は藩が何もしないなら私が代《かわ》って立ち上るから、武器・大砲・弾薬《だんやく》をお貸し下さいと要請《ようせい》した。今立《た》ち上《あが》らなければ日本は間違いなく滅亡するしかないと思い詰《つ》めたのである。

幕府を恐れる藩政府は過激《かげき》な行動に出ようとする松陰をもて余《あま》し厄介者扱《やっかいものあつか》いし、松陰《しょういん》は乱心《らんしん》したとしてその年十二月、野山獄《のやまごく》にぶちこむのである。乱心《らんしん》してうろたえているのは井伊《いい》であり幕府であり、幕府におびえきる長州藩首脳《ちょうしゅうはんしゅのう》であったが、彼らからすると日本人として最も正しい愛国憂国《ゆうこく》の心をもつ松陰が異常に見えるのである。野山獄に入れられるころ松陰はこうのべている。

「天下の人々皆々死を惧《おそ》れ候《そうろう》より事《こと》ここに至《いた》り候《そうろう》。何となれば征夷《せいい》（幕府）死を惧《おそ》れ候《そうろう》ゆえ、違勅《いちょく》（詔勅《しょうちょく》に違反）して虜《りょ》（欧米）に和《わ》し候《そうろう》。諸侯《しょこう》（大名）死を惧《おそ》れ候《そうろう》ゆえ違勅《いちょく》して幕府に阿《おもね》り（へつらう）候《そうろう》。ただいま吾《わ》が輩《はい》のみ死を惧《おそ》れざるゆえ、政府（長州藩）へ抗論《こうろん》（抗議）いたし候《そうろう》。元来《がんらい》、皇太神《こうたいじん》（天照大御神《あまてらすおおみかみ》）の神勅無《しんちょくむ》になり候《そうろう》（天皇国日本が滅亡すること）ことをお嘆《なげ》き思召《おぼしめ》せばこそ、主上《しゅじょう》（孝明天皇《こうめい》）の御苦労遊《あそ》ばされ候《そうろう》ことにて、その御苦労を体《たい》し候《そうら》えばこそ吾《わ》が輩《はい》かくまで精神を凝《こ》らし候《そうろう》ことに候《そうろう》。幕吏《ばくり》（幕府首脳）叡慮《えいりょ》（天皇のお心）を沮《はば》み候《そうろう》心底《しんてい》（おしつぶす心）は、すなわち藩政府《はんせいふ》吾《わ》が輩《はい》を制《せい》し（おさえつけること）候《そうろう》と同心底《どうしんてい》にて、死を惧《おそ》るるより起《おこ》り候《そうろう》 国賊《こくぞく》（国家に害を与える賊）に候《そうろう》。日嗣《ひつぎ》（天皇）の隆《さか》えまさんこと天壌《あめつち》と窮《きわま》りなしと申すは神勅《しんちょく》なり。只今《ただいま》、幕府の処置《しょち》にては日嗣《ひつぎ》の滅亡《めつぼう》に至るなり。天子《てんし》様（孝明《こうめい》天皇）ここにお気がつき候《そうろう》。恐《おそ》れながら吾々《われわれ》もここに気がつき候《そうろう》」

※天照《あまてらす》大《おお》御《み》神《かみ》「天壌無窮《てんじょうむきゅう》の神勅《しんちょく》」（日本書紀）

「豊葦原《とよあしはら》千五百秋《ちいほあき》之《の》瑞穂国《みずほのくに》（日本）は是《こ》れ吾《あ》が子孫《うみのこ》の王《きみ》たるべき地《くに》なり。宜《よろ》しく爾《いまし》（なんじ）皇孫《すめみま》（瓊々杵尊《ににぎのみこと》）就《ゆ》きて治《しら》せ。行《さき》くませ（幸《さき》く、幸せであれ）。宝祚《あまつひつぎ》（天津《あまつ》日《ひ》嗣《つぎ》・天皇）の隆《さか》えまさんこと、当《まさ》に天壌《あめつち》（天地）と窮《きわま》り無《な》かるべし」

（天照大御神の子孫である天皇は天地と共に永遠に栄えるという天照大御神が皇孫瓊々杵尊に下された神勅。これこそ日本民族の根本的信念である。）

徳川幕府はアメリカの軍事力の威嚇《いかく》におびえ死を恐れて不平等条約《ふびょうどうじょうやく》を結んだ。諸藩《しょはん》も同じでびくびくして幕府にへつらっている。長州藩《ちょうしゅうはん》ですらどうにもならない。しかし自分だけは死を恐れないから立《た》ち上《あが》ろうとしたが、藩《はん》は自分をおさえつけた。このままでは皇国《こうこく》日本は滅亡《めつぼう》してしまう。それが孝明《こうめい》天皇の深いお嘆《なげ》きである。私は天皇のご苦心が身《み》にしみてわかればこそ、かくも国難《こくなん》を払わんと苦心惨憺《くしんさんたん》してきたのである。松陰《しょういん》の肺腑《はいふ》の底から吐《は》き出された血と涙の叫びであったのである。

松陰は「吾《わ》が輩《はい》ほど志《こころざし》を篤《あつ》くし時勢《じせい》を洞観《どうかん》したる人はなし」と言っている。国を愛し憂《うれ》うる心が自分ほど強く、日本の亡国的危機《ぼうこくてききき》の深さを自分ほどよく見抜いている者はいないという意味である。私は最初に明治維新《めいじいしん》の成就《じょうじゅ》は奇蹟《きせき》だとのべた。幕府も諸藩《しょはん》もアメリカの軍事力に震《ふる》え上《あが》った。このような幕府が存在する限り日本は亡国《ぼうこく》・隷属化《れいぞくか》の道をたどるしかなかったことが、松陰のこの言葉から理解されよう。

神州不滅《しんしゅうふめつ》を祈って——人々を奮《ふる》い立《た》たせた松陰《しょういん》の不滅の魂

松陰ほど真剣に国難《こくなん》を憂《うれ》う人物はいなかったのに、長州藩《ちょうしゅうはん》は松陰を乱心者《らんしんもの》として投獄《とうごく》したのだから、全く日本は絶体絶命《ぜったいぜつめい》の危機にあったのである。もう何も出来なくなった松陰は翌年正月、次の歌を詠《よ》んだ。

九重《ここのえ》の　悩《なや》む御心《みこころ》　思《おも》ほへば
　手にとる屠蘇《とそ》も　呑《の》み得《え》ざるなり
（国難を深くお悩みになる孝明《こうめい》天皇のことを思えば、正月のめでたいお屠蘇も飲むことができない。）　※九重＝皇居。

絶望した松陰はこのあと絶食《ぜっしょく》して死のうとした。ところが母の瀧子《たきこ》がそれを知り、食べ物を添《そ》えた涙の手紙をよこした。母親の深い愛に泣いて絶食をやめるが、それから十月、刑死《けいし》するまで、日本はもうどうしようもない、亡ぶほかないと思い詰《つ》める松陰《しょういん》の心は真暗闇《まっくらやみ》のどん底にあったのである。江戸に送られる少し前にこうのべている。

「実《じつ》に神州《しんしゅう》の陸沈《りくちん》(滅亡)憂《うれ》うべきの至《いた》りなり。徳川存《そん》する内《うち》は遂《つい》にアメリカ・ロシア・イギリス・フランスに制《せい》せらるること、どれほどに立ち行くべくも計《はか》り難《がた》し。実《じつ》に長大息《ちょうたいそく》(深いため息)なり。独立不羈《どくりつふき》(他国の支配を受けないこと)三千年来《らい》の大日本、一朝人《いっちょうひと》(他国)の羈縛《きばく》(支配・征服)を受くること、血性《けっしょう》ある者(日本人の血をもつ者)視《み》るに忍ぶべけんや」

「主上《しゅじょう》(孝明《こうめい》天皇)あれほどの宸襟《しんきん》(お心)悩ませられたるに、長門《ながと》の士《し》(長州藩《ちょうしゅうはん》の武士)一人も死ぬる者なきは、誠に君公《くんこう》様(藩主《はんしゅ》)の大恥辱《だいちじょく》と存じ奉《たてまつ》り候《そうろう》。小生《しょうせい》(松陰)不忠《ふちゅう》かつ大不孝《だいふこう》のこの身《み》、一日世《よ》にあるも苦悩堪《くのうた》うる(忍耐する)あたわず」

言葉につくしがたい松陰の嘆《なげ》きがひしひしと伝わってくる。このあと五月、幕府は松陰を江戸へ送れと命令を下《くだ》した。長州藩は井伊《いい》の恐怖《きょうふ》政治に縮《ちぢ》み上《あが》っていたから何《なん》の抵抗《ていこう》もせず松陰を差し出した。出せば殺されるに決まっているのに見殺しにした。当時、藩《はん》は「お家《いえ》第一」で幕府ににらまれることを何よりも恐れたから、松陰《しょういん》はあっさりと見捨てられたのである。

　それから刑死《けいし》するまで最後の五ヵ月間、松陰は牢獄《ろうごく》の中から手紙を書いて村《そん》塾《じゅく》の弟子たちをなお教え導き、わが志を伝えようとした。これは七月、高杉晋作《たかすぎしんさく》に与えたものである。

「小生《しょうせい》(松陰)死に候《そうら》えばこの四人(久坂玄瑞《くさかげんずい》・高杉晋作《たかすぎしんさく》・入江杉蔵《いりえすぎぞう》・久保清左衛門《くぼせいざえもん》)、必ず志《こころざし》定《さだ》まるべし。小生いまだ死なざれば、この四人いまだ因循《いんじゅん》(意志が定まらず決断できずぐずぐずすること)を免《まぬか》れず候《そうろう》」

　前年秋、松陰が一大決心して立《た》ち上《あが》ろうとした時、久坂《くさか》と高杉《たかすぎ》はとても成功の見こみはないと反対した。松陰は日本が今まさに滅亡の危機に直面している時、成功、失敗にかかわりなく立ち上るしかないではないかと憤激《ふんげき》した。高杉や久坂はこの手紙を涙ながらに読んだ。死刑の直前松陰は「諸友《しょゆう》に告《つ》ぐる書」でこう語った。

「諸友、吾《わ》が志《こころざし》を知らん。為《ため》に我《われ》を哀《かな》しむなかれ。我《われ》を哀《かな》しむは我《われ》を知るにしかず。我《われ》を知るは吾《わ》が志《こころざし》を張《は》りてこれを大にするにしかざるなり」

私の刑死《けいし》を悲しむということは、真に私を知ることにならない。私を知るということは私の尊皇攘夷《そんのうじょうい》の志《こころざし》を受け継ぎ、日本を亡国《ぼうこく》の危機から救い、皇国《こうこく》日本を蘇《よみがえ》らすことだと松陰《しょういん》は自らの死をもってその志を弟子たちに伝えたのである。牢獄《ろうごく》にあった最後の一年、松陰の心のうちに一筋《ひとすじ》の光明《こうみょう》も射しこまなかった。しかし松陰は絶望のままに死ぬことは出来なかった。松陰の最後の祈りの言葉がこれである。

「天照《あまてらす》（天照大御神《あまてらすおおみかみ》）の神勅《しんちょく》に『日嗣《ひつぎ》（天皇）の隆《さか》えまさんこと、天壌《あめつち》と窮《きわまり》なかるべし』とこれあり候《そうろう》ところ、神勅相違《しんちょくそうい》なければ（神勅がその通り間違いなければ）日本いまだ亡《ほろ》びず。日本いまだ亡びざれば正気《せいき》（日本人の正しい精神、大和魂《やまとだましい》）重《かさ》ねて発生《はっせい》の時は必ずあるなり。只今《ただいま》の時勢《じせい》に頓着《とんちゃく》（気にかける、心配すること）するは、神勅《しんちょく》を疑うの罪軽からざるなり。

皇神《すめかみ》の　誓《ちか》ひおきたる　国《くに》なれば
　正しき道の　いかで絶《た》ゆべき
（皇神《すめかみ》・天照大御神《あまてらすおおみかみ》が神勅《しんちょく》を下され、天皇国日本は天地とともに栄えると誓われたのであるから、日本人の正しい精神は絶《た》えるはずはなく必ず日本は蘇《よみがえ》る。）

道守《みちまも》る　人は時には　埋《う》もれども
　道し絶えねば　あらはれもせめ
（日本人としての誠《まこと》の道を守ろうとする人間は苦難にあい死ぬようなことがあったとしても、誠の道は不滅《ふめつ》だから必ずそれを踏み行う人がでてくる。）」

松陰《しょういん》の皇国《こうこく》日本、神国《しんこく》日本不滅の信念は、天照大御神《あまてらすおおみかみ》の神勅への絶対的な信《しん》仰《こう》に基《もと》づいている。徳川幕府の政治外交があまりにひどく、見るにたえない危機的状況を憂《うれ》うるあまり祖国の現状を亡国《ぼうこく》と観《かん》じたことを、「只今《ただいま》の時勢《じせい》に頓着《とんちゃく》するは、神勅を疑うの罪軽《かろ》からず」とその罪を深く反省したのであった。天皇国日本は永遠に滅びない。これが皇室の御祖先天照大御神《あまてらすおおみかみ》の神勅である。日本人はこれをただひとすじに信じなければならない。だから憂《うれ》えすぎてはいけない。必ず日本は甦《よみがえ》ることを信じかつ祈って松陰《しょういん》はあの世に旅立ったのである。

こうして松陰の遺書《いしょ》『留魂録《りゅうこんろく》』が綴《つづ》られた。その中で詠《よ》まれた歌。

身《み》はたとひ　武蔵《むさし》の野辺《のべ》に　朽《く》ちぬとも
　留《とど》め置《お》かまし　大和魂《やまとだましい》

討《う》たれたる　吾《わ》れをあはれと　見む人《ひと》は
　君《きみ》を崇《あが》めて　夷払《えびすはら》へよ

※君＝天皇。夷＝欧米。

七《なな》たびも　生《い》きかへりつつ　夷《えびす》をぞ

攘《はら》はむこころ　吾《わ》れ忘れめや

（何度も日本人として生れてきて国に報《むく》い、日本を狙《ねら》う欧米を打ち払い皇国《こうこく》日本を護り抜く「七生報国《しちしょうほうこく》」の志《こころざし》。）

十月二十七日の刑死《けいし》の日、松陰《しょういん》が朗誦《ろうしょう》した辞世《じせい》（死ぬ時によんだ歌や詩）がこれである。

吾今国《われいまくに》の為《ため》に死《し》す
死《し》して君親《くんしん》に負《そむ》かず
悠々《ゆうゆう》たり天地《てんち》の事《こと》
鑑照明神《かんしょうめいしん》に在《あ》り

（自分の生涯は天皇陛下と両親にそむくことのない日本人としての忠《ちゅう》と孝《こう》の誠《まこと》の道であった。天を仰《あお》ぎ地に伏《ふ》して少しも恥じることのない一生を、神様は明らかにご覧《らん》になっている。）

松陰《しょういん》の死をもってした教えは、やがて松下村塾《しょうかそんじゅく》の双璧《そうへき》(二つの光り輝く玉)といわれた久坂玄瑞《くさかげんずい》、高杉晋作《たかすぎしんさく》らにより立派に受け継がれた。久坂、高杉は長州藩《ちょうしゅうはん》を変え、明治維新《めいじいしん》を成就《じょうじゅ》させる上にもっともすぐれた働きをして二人とも若い命を国に捧《ささ》げた。久坂《くさか》や高杉《たかすぎ》たちの思いはたった一つ、あの世に行ったとき松《しょう》陰《いん》先生に顔を合わすことのできる自分でありたいということだった。「生前《せいぜん》私どもはぐずぐずして立《た》ち上《あが》ることをためらった不肖《ふしょう》(出来の悪いこと)の弟子《でし》でした。しかし先生亡きあと、先生の志《こころざし》をしっかりと受け継ぎ、日本を立て直しわが国を守り抜きました」と言える自分でありたい。ただその一念であったのである。松陰の不滅の大和魂《やまとだましい》が久坂、高杉たちを振《ふる》い立《た》たせたのである。

両親と松陰――この父母ありて松陰あり

最後に両親と松陰についてのべよう。江戸送りの前夜、松陰は自宅に帰され家族と最後の別れをした。母の瀧子《たきこ》は風呂《ふろ》を用意して背中を流してくれたがその時、「寅次郎《とらじろう》よ、今一度、江戸から無事帰って気嫌《きげん》のよい顔を見せておくれ」と言った。できることなら生きて帰ってほしいという親心《おやごころ》である。松陰《しょういん》はこう答えた。

「必ず無事帰ってお目にかかります。ご心配ご無用でございます」

江戸に行けば死が待ち受けていることを覚悟していたが、母には無事帰りますと答えたのである。死刑直前の歌。

親思ふ　こころにまさる　親心《おやごころ》
　けふの音づれ　何《なん》と聞くらん

自分が父母を深く思う以上に自分を思って下《くだ》さる父母は、この死刑の知らせをどれほど嘆き悲しむであろうかという、腹わたがちぎれるような思いをのべた歌である。

松陰が首を斬《き》られたその日、萩《はぎ》の家では兄梅太郎の病気の看病《かんびょう》の疲れで、父と母は昼間うとうとしていた。ぱっと目を覚《さ》ました父はそばにいた瀧子《たきこ》に、「いまわたしは首を斬《き》られた夢を見たが、まことによい心地《ここち》であった」と語った。すると瀧子《たきこ》も「私はまた寅次郎《とらじろう》が江戸から帰った夢を見ましたが、非常によい血色《けっしょく》でありました」とのべた。後で聞いてみると松陰《しょういん》が首を斬られた時刻と寸分《すんぶん》変らなかったという。松陰はその肉体を没《ぼっ》せんとしたとき、彼の魂は遥《はる》か萩《はぎ》に飛び両親の夢枕《ゆめまくら》に立って最後の別れを告げたのである。松陰は母に「必ず無事帰ってお目にかかります」と言った通り約束を果《はた》したのである。まことに涙下《くだ》る最期《さいご》であった。松陰の死に対して父百合之助《ゆりのすけ》はこう言った。

「ああ、わが児《じ》、一死君国《いっしくんこく》(天皇と祖国日本)に報《むく》いたり。真《まこと》にその平生《へいぜい》に負《そむ》かず」

寅次郎《とらじろう》よ、お前は死をもって天皇陛下に忠誠を尽《つく》し皇国《こうこく》日本の国恩《こくおん》に報《むく》いた。誠《まこと》の道を貫いた生涯にそむかない実に立派な最期《さいご》であった。寅次郎、偉かったぞ。こう言ったのである。普通なら挫《ざ》折《せつ》を繰《く》り返《かえ》し最後の五年間は手足を縛《しば》られ行動を禁ぜられ、挙句《あげく》の果《は》てに首を斬られたのだからその不運不幸を嘆《なげ》き、神も仏もあるものかという気分《きぶん》になるところを、「一死君国に報いた《いっしくんこくにむくいた》」と心の底からの賞賛《しょうさん》をわが子に贈ったのである。実に稀《まれ》に見る立派な父であった。このような父と母がいたから松陰《しょういん》のような奇蹟《きせき》の人が世にあらわれたのである。

松陰の一生は幽囚《ゆうしゅう》と謹慎《きんしん》の生活、困難と挫折《ざせつ》の連続だった。それにもかかわらず松陰の不滅の魂、すなわち尊皇攘夷《そんのうじょうい》と一生を貫く至誠《しせい》の心並びにその死をもってした魂の教育は、久坂玄瑞《くさかげんずい》、高杉晋作《たかすぎしんさく》らを教え導き、幾多《いくた》の艱難《かんなん》、試練《しれん》、挫折《ざせつ》を乗り越えてついに長州《ちょうしゅう》の尊皇攘夷《そんのうじょうい》・尊皇倒幕運動を成就《じょうじゅ》させ明治維新《めいじいしん》を達成《たっせい》させたのである。

吉田松陰の気高《けだか》い魂、稀有《けう》の至誠《しせい》の人格は弟子たちのみならず、後世《こうせい》の日本人を感奮《かんぷん》させてやまない。松陰は神様が日本を救うためにこの世に下《くだ》した天の使い、天使《てんし》であった。奇蹟中《きせきちゅう》の奇蹟である明治維新《めいじいしん》を導いた最高の人物が、西郷《さいごう》隆盛《たかもり》とともに吉田松陰であった。

参考文献

『吉田松陰全集』大和書房　昭和47年
『吉田松陰』玖村敏雄　岩波書店　昭和11年
『吉田松陰の思想と教育』玖村敏雄　岩波書店　昭和17年
『吉田松陰の研究』広瀬豊　至文堂　昭和18年
『松下村塾の指導者』岡不可止　文藝春秋　昭和17年
『吉田松陰』岡不可止　講談社　昭和18年
『吉田松陰の殉国教育』福本義亮　誠文堂　昭和8年
『吉田松陰の人間学的研究』下程勇吉　麗澤大学出版会　昭和63年
『吉田松陰(1)(2)』山岡荘八　講談社　昭和62年
『吉田松陰　人とことば』関厚夫　文春新書　平成19年
『吉田松陰』海原徹　ミネルヴァ書房　平成15年
『幕末の朝廷』家近良樹　中央公論新社　平成19年　ほか

第三話

嘉納治五郎

——柔道を創始した世界的偉人

嘉納治五郎

万延元年(1860)〜昭和13年(1938)
神戸出身。講道館柔道の創始者。東京高等師範学校校長。明治から昭和にかけて日本における体育教育に尽力し、「日本体育の父」と呼ばれる。(写真提供　公益財団法人講道館)

1、柔道の創始者

世界的武術《ぶじゅつ》・柔道

わが国を代表する武道《ぶどう》の一つである柔道は、いま全世界に広まり人々に愛好《あいこう》されている。柔道は明治十五年、嘉納治五郎《かのうじごろう》により創始《そうし》された。柔道は明治時代、全国に広くゆきわたるとともに、この時代早くも海外に伝えられた。大正・昭和時代には一層普及《ふきゅう》して世界中で行われるようになり、昭和三十九年東京オリンピックのとき正式種目《しゅもく》に加えられて今日に至《いた》っている。柔道が相撲《すもう》や剣道とともに日本を代表する武道《ぶどう》となり、オリンピックにまでとり上げられるほど世界的になったのは、ひとえに創始者《そうししゃ》である嘉納治五郎《かのうじごろう》の五十数年間にわたる尽力《じんりょく》の結果である。

柔道は日本文化の一つである。わが国には数多くの文化がある。ことに文学、美術、芸能《げいのう》の世界に比類のない素晴らしさは、今や世界中の人々が認めている。しかしそれだけではなく日本にはもう一方に武道《ぶどう》文化がある。武勇《ぶゆう》の民族であるわが国には様々な武芸《ぶげい》、武術《ぶじゅつ》、武道《ぶどう》が古くから発達した。剣道、相撲《すもう》、柔道を始め柔術《じゅうじゅつ》、弓道《きゅうどう》、空手《からて》、合気道《あいきどう》、居合《いあい》、槍術《そうじゅつ》、棒術《ぼうじゅつ》、薙刀《なぎなた》、馬術《ばじゅつ》、銃剣術《じゅうけんじゅつ》、忍術《にんじゅつ》等、日本ほど数多くの武芸、武道を有する国はない。

尚武《しょうぶ》の民族でありサムライの心を持つ国であったからこそ、十九世紀から二十世紀にかけて欧米列強（イギリス・ロシア・フランス・ドイツ・アメリカなど白人の強国）の非西洋諸国への支配が頂点《ちょうてん》に達した時代、独立を堅《かた》く維持《いじ》して欧米の植民地・隷属国《れいぞくこく》となることを阻止《そし》し、日清《にっしん》・日露《にちろ》の二大戦争に勝ち抜き、敗れたとはいえアメリカ・イギリスを相手に大東亜《だいとうあ》戦争を行いうる勇気と気概《きがい》（正しく強い精神)を持ち得たのであった。

父母の感化《かんか》

日本民族の尚武《しょうぶ》と武勇の精神が生み出した各種武道を代表する柔道を、世界的武術にまで仕上《しあ》げた嘉納治五郎《かのうじごろう》とはいかなる人物であったろうか。

嘉納治五郎は万延元年《まんえんがん》(一八六〇)十月二十八日、摂津国御影村《せっつのくにみかげ》(現神戸市東灘《ひがしなだ》区御影町)に生まれた。嘉納家《かのうけ》は代々酒造りを営む豪商《ごうしょう》で、ここで造られたのが有名な灘《なだ》の酒である。嘉納家はこの地における中心的酒造家《しゅぞうか》で、御影の酒造家はほとんど嘉納一族で占められていた。

父の次郎作《じろさく》はすぐれた人物で中年以降《いこう》、徳川幕府の回船方《かいせんがた》という役目を勤《つと》め、船による運輸《うんゆ》の仕事に従った。次郎作はやがて神戸に海軍操練所《そうれんじょ》を作った幕府軍艦奉行《ぶぎょう》勝海舟《かつかいしゅう》に知られ深く信頼された。その関係で後に治五郎《じごろう》も海舟に可愛がられ恩顧《おんこ》(情をかけられること)を受けることになる。次郎作は明治維新《めいじいしん》後《ご》は新政府に仕《つか》え海軍省で活躍、高位の役職をつとめ明治十八年、七十三歳で亡くなる。

母の定子《さだこ》は治五郎《じごろう》が十歳の時亡くなるが、父同様すぐれた人であった。治五郎はこの両親から深い感化《かんか》を受けた。次郎作《じろさく》は大阪や江戸・東京で仕事に尽《つく》したからほとんど御影《みかげ》の家にいなかった。治五郎が父と会えるようになったのは上京後である。しかし治五郎は国の為《ため》、人の為に奔走《ほんそう》している父を尊敬し、こうした父を持ったことを強く誇りに思った。母の定子がいつも「お父さまはお国の為、人様の為《ため》につくしているのだよ」と教えたからである。

定子は次郎作の留守《るす》を守り多くの人を使って酒造りをしながら、子供を甘やかさず厳しく育てた。広大な嘉納《かのう》の屋敷《やしき》にはいつも近所の子供たちが遊びにやってくるが、定子は家の貧富《ひんぷ》、身分《みぶん》などを区別せずみな仲良く遊ばせた。治五郎は良《りょう》家《け》の坊《ぼっ》ちゃんだったが、誰とでも親しくつき合う円満《えんまん》な人柄を作り上げたのは全く母の訓《おし》えのお蔭《かげ》であった。定子は子供たちによくお菓子を与えたが、数が揃《そろ》っていないときは、良い菓子をよその子供に、わが子は後回しで悪いのを与えた。嘉納《かのう》は晩年子供らにこう語っている。

「これは人の上に立つ者は人より先に苦しみ、人よりも後《おく》れて楽しみを受けるべきで、人間として生まれてきた以上は他の為に尽《つく》すということを忘れてはならないという母の訓《おし》えだった。こういった無言の訓《おし》えは子供心にも強く深く染《し》みこんだ」

また母についてこうのべている。

「私は十歳の時に母に死別《しべつ》したが、母はまことに慕《した》わしい人であったがまた怖《こわ》い人でもあった。普通はとても可愛《かわい》がってくれたが、私が何か間違ったことをした時はどこまでもとがめ、心から悪かったと反省し詫《わ》びるまで絶対に許してくれなかった。母は常にみんなの為《ため》にと言って、他人のことに自分を忘れて尽《つく》していた。誰にこうしてやろうとか、あの人が気の毒だからしてあげようなどとよく言っていたのを覚えている。私が人の為に尽そうという精神になったのはこの母の感化《かんか》だ」

母定子《さだこ》の感化がいかに深かったかがわかる。還暦《かんれき》を迎えたときの祝賀会でこう語っている。

「私が今日こうして皆さんの前に立てるのも、幼い頃からの母の庭訓《ていきん》（家庭での教《きょう》訓《くん》）と父の国に対する実行があったからであります。母の訓《おし》えを受け、父の国家に尽《つく》す姿を見て、その訓《おし》えを肌に感じていたので、自分もすべてを捧《ささ》げて世のために尽そうと決心したのであります」

嘉納《かのう》は裕福な家に生まれ恵まれた環境の中に育った。しかしお坊ちゃん育ちの我儘《わがまま》な馬鹿人間にはならなかった。それはこうした立派な両親の訓《おし》えと感化《かんか》があったからである。

東大に進む

嘉納は七歳の時から学問を始めた。商家《しょうか》の生まれだが、当時の武士の子弟《してい》と同様の儒教漢学《じゅきょうかんがく》の学問である。嘉納は両親譲《ゆず》りのすぐれた人柄と頭脳を受けたとても賢《かしこ》い読書好きの子供であった。習字も教えられたがこれを好み、書道は生《しょう》涯《がい》の楽しみの一つとなった。嘉納の書は書家並《しょかなみ》であった。

明治三年、父の次郎作《じろさく》は十一歳になった治五郎《じごろう》を東京によびよせた。嘉納《かのう》は私《し》塾《じゅく》に入《はい》りさらに学問と書道に励んだが、十三歳の時から英語を学んだ。十五歳の時、官立外国語学校、十六歳の時、官立開成《かいせい》学校に進んだ。十八歳の時、開成学校は東京大学となり、嘉納は明治十年文学部に入学した。当時の東大は文・法・理・医の四学部である。文学部には哲学、政治学、理財《りざい》学（経済学）の三学科があったが、政治学と理財学を学び二十二歳の時卒業した。同級生には加藤高明《かとうたかあき》（後に首相）、一期上に岡倉天心《おかくらてんしん》（後に東京美術学校長、日本美術院創設）、井上哲次郎《いのうえてつじろう》（後に東京帝大教授）らがいたが、嘉納はこれらの人々と親交《しんこう》を結んだ。

当時の東大は少数精鋭《せいえい》でみなえり抜きの秀才の集りだったが、中でも嘉納は人物、学業とも申し分なく優秀であった。政府の役人あるいは学問の道いずれに進んでも大成《たいせい》するだけの豊かな才能を有していた。一時は真剣に政治家になることを考えた。だから政治学を学んだのである。嘉納の志《こころざし》は国の為《ため》、人の為に尽《つく》すことであり、「治国平天下《ちこくへいてんか》（国を立派に治《おさ》め平安な世の中をつくること）」が理想であった。もしその道に進めば大臣はおろか首相にもなりうるだけの人間の大きさ、信念、才能を備えていた。大正末期に首相となった加藤高明《かとうたかあき》に優《まさ》るとも劣らぬ人物であった。しかし嘉納《かのう》は大臣にも博士ともならず教育家の道を進み、柔道の創《そう》始者《ししゃ》となるのである。

柔術修行《じゅうじゅつしゅぎょう》

東大出の学生は「末は博士《はくし》か大臣か」と期待された当時、嘉納はなぜお門違《かどちが》いもいいところの柔道を始めることになったのであろうか。それは嘉納が年少のときから体がやや虚弱《きょじゃく》で肉体的には普通の者より劣っていたことによる。上京して私塾《しじゅく》や学校に入ったころ学問では誰にも負けなかったが、非力《ひりき》な嘉納は腕力の強い少年に時にいじめられた。嘉納は成長時約一五七～八センチ、当時としては普通以上の背丈《せたけ》だが、少年時、体は細く弱々しかった。しかし無類《むるい》の負けず嫌いで自尊心《じそんしん》が強かったから、体力が劣り力の強い者の風下《かざしも》に立たされることが口惜《くや》しくてしかたなく、誰にも負けない体となり強くなりたいと願った。十四歳のころ人から柔術《じゅうじゅつ》というたとえ非力《ひりき》でも大力《たいりき》のものに勝てる武術《ぶじゅつ》があることを聞き、ぜひそれを習いたいと思ったが教える人も見つからず修行《しゅぎょう》の機会がなかった。

明治十年、東大に入った十八歳の時ようやくその機会を得《え》た。嘉納《かのう》がはじめて柔術《じゅうじゅつ》を学んだのが、天神真楊流《てんしんしんようりゅう》の福田八之助《ふくだはちのすけ》という五十歳の人物である。嘉納は福田が病没《びょうぼつ》するまでの二年半、ほとんど一日も休まず福田のもとに通《かよ》い続け教えを受けた。

世《よ》は文明開化《ぶんめいかいか》の時代であった。柔術などほとんど誰も見向きもしない世の中にあって、年若い東大の学生が進んで教えを請《こ》いにきたことを福田は深く喜び、熱意をこめて教え導いた。嘉納は一心不乱、猛稽古《もうげいこ》に励んだ。体中が擦《す》り傷だらけになり、稽古着《けいこぎ》はしまいにボロボロになった。

福田の死後、同じ流派《りゅうは》の磯正智《いそまさとも》のところでさらに修行《しゅぎょう》を重ねた。昼間は大学で学び午後から稽古《けいこ》だが、帰りはしばしば深夜に及ぶ。体は綿《わた》のごとく疲《つか》れ道ばたの塀《へい》に突き当たることもあったが、不屈《ふくつ》の粘《ねば》り強さで頑張《がんば》り抜いた。しかし磯《いそ》もやがて亡くなった。その後明治十四年、二十二歳のとき起倒流《きとうりゅう》の名人といわれた飯久保恒年《いいくぼつねとし》に入門した。ここでも嘉納《かのう》の修行《しゅぎょう》は猛烈《もうれつ》を極《きわ》めた。飯久保は五十歳を越えていたがその強さは少しも衰《おとろ》えず、嘉納はいつも投げ飛ばされた。二年間精根《せいこん》をこめて励んだ結果ついに飯久保を投げ倒すことができるようになり、明治十六年、起倒流《きとうりゅう》の免許皆伝《めんきょかいでん》を受けた。

柔道を創始《そうし》するまでの五年間、嘉納は東大で学びつつ（文学部卒業後なお一年選《せん》科《か》で学んだ）、ほとんど一日も休むことなく柔術《じゅうじゅつ》に励み、ほぼその奥義《おうぎ》（極意《ごくい》、奥深いところ）に達した。すさまじい努力と根気《こんき》であった。この柔術修行は嘉納に何をもたらしたであろうか。

「当時自分は柔術の修行の結果として、幼少の時と比べて体格が全く一変したことを実験した。精神にも爽快《そうかい》を覚《おぼ》え、少年の頃癇癪《かんしゃく》持ち（気が短くすぐ腹を立てること）であったが辛抱《しんぼう》もよくなり（忍耐強《にんたいづよ》くなり）、気質《きしつ》（心もち）も段々落ちついてくるし、その他種々《しゅじゅ》精神上に利益を得たように感じた」

柔術修行は嘉納を起倒流の免許皆伝を受ける強者《つわもの》にするのみならず、これまでの虚弱体質《きょじゃくたいしつ》を一変させた。また精神的にも忍耐力《にんたいりょく》のある人間へと向上《こうじょう》させた。

嘉納《かのう》は心身《しんしん》ともに全く生まれ変った。柔術《じゅうじゅつ》によって鍛《きた》えに鍛え抜かれた筋金入《すじがねい》りの身体と、剛毅不屈《ごうきふくつ》の忍耐強《にんたいづよ》さと精神力をもつ人間に変身《へんしん》を遂《と》げていたのである。

柔道の創始《そうし》

新たな自分を見出《みいだ》した嘉納の悦《よろこ》びは深かった。世間からほとんど忘れ去られた旧時代の遺物《いぶつ》と思われている柔術の価値を再発見した嘉納はこう思った。

「これは誠《まこと》に貴重《きちょう》な修行《しゅぎょう》である。このような貴重なものは、ただ私だけが満足していてよいものではない。実《じつ》にもったいないことだ。広く大いに人に伝え、国民にこの広大《こうだい》な恩恵《おんけい》を分《わか》ち与えるべきである」

しかし柔術には多くの流派《りゅうは》があり、そのやり方はそれぞれ異《こと》なり一長一短《いっちょういったん》がある。格闘《かくとう》勝負や捕縛《ほばく》のための武術《ぶじゅつ》だから危険な技《わざ》もあり、今日の社会に不適《ふてき》切《せつ》、不要《ふよう》のものもあった。そこで嘉納はあらゆる流派につき調査、研究を重ね取《しゅ》捨選択《しゃせんたく》、さらに新しい工夫《くふう》を加え、今日の社会にふさわしい精神と身体を鍛練《たんれん》する新たな武術《ぶじゅつ》を編《あ》み出《だ》した。嘉納《かのう》はこれを柔道と名づけ、この柔道を教える場を講道館《こうどうかん》とよんだ。

柔道の創始《そうし》は明治十五年五月、二十三歳の時で東大卒業後なお一年選科《せんか》に学びつつ学習院《がくしゅういん》の講師になったばかりの頃である。嘉納は柔道の修行目的《しゅぎょうもくてき》につき、柔術《じゅうじゅつ》と比較してこうのべている。

「柔術の元来《がんらい》の目的は勝負の法を練習することであり、ある流儀《りゅうぎ》ではもっぱら投げ殺すことを目的とし、ある流儀では捕縛《ほばく》することを目的とし、ある流儀では当《あ》て殺したり捕《と》りおさえたりすることを目的とする。

勝負の修行《しゅぎょう》を為《な》すには、種々《しゅじゅ》身体四肢《しし》(両手両足)を運動させるところから、柔術が間接的《かんせつてき》に体育になったことは人の疑わないところであるが、このため大いに心を練《ね》ることもできた。すべて勝負というものは種々の工夫《くふう》、駆引《かけひき》などを必要とするものであるから、柔術の修行をしているうちに知らず知らず心を練《ね》るものだ。また勇気とか沈着《ちんちゃく》とか人生において貴重な性質も自《おのず》から涵養《かんよう》(水がしみこむように自然に教え養うこと）することのできるものである」

　これまでの柔術《じゅうじゅつ》は格闘技《かくとうぎ》として勝負の法を体得《たいとく》することを目的としていた。だから相手を殺す危険な技《わざ》もある。体を鍛《きた》えることや心を練ることも出来たが、それは柔術において主《しゅ》たる目的ではない。これに対して柔道の目的につき嘉納《かのう》はこうのべる。

「体育、勝負、修心《しゅうしん》（心を修《おさ》めること）の三つの目的をもっている。これを修行《しゅぎょう》したならば体育もでき、勝負の方法の練習もでき、一種の知育《ちいく》、徳育《とくいく》（道徳教育）もできる」

　柔道は柔術と同様、勝負を争う武術《ぶじゅつ》ではあるが単なる格闘技《かくとうぎ》ではなく、この修行を通《つう》じて体を鍛《きた》え心を養い徳性《とくせい》（道徳心、誠《まこと》の心）を磨《みが》くことを特に重んじた。それゆえ嘉納は柔術の名を使わず柔道といい、その修行の場を講道館《こうどうかん》と名づけたのである。人を殺すことも可能であった柔術を人間の心を磨《みが》く「道《みち》」にまで高め上げたのである。ここに嘉納治五郎《かのうじごろう》のすぐれた人格にもとづく気高《けだか》い理想と並々ならぬ見識《けんしき》があった。嘉納は柔道修行によって到達《とうたつ》すべき目標を次のように掲《かか》げ、弟子《でし》たちにこのような人間になることを目指《めざ》して自己を磨《みが》くことを求めた。

1、気風《きふう》（気だて、心もち）の高尚《こうしょう》（気高《けだか》く上品《じょうひん》なこと）であること。

2、驕奢《きょうしゃ》（おごり高ぶること）の風《ふう》を嫌《きら》うこと。

3、正義を重《おも》んずること。

4、道の為《ため》には艱苦《かんく》（困難、辛苦《しんく》）を厭《いと》わず、容易《ようい》に身命《しんめい》をも擲《なげう》つ覚悟《かくご》があること。

5、親切《しんせつ》で、その度《ど》（節度《せつど》）を失《しっ》せぬこと。

6、公正《こうせい》なこと。

7、礼譲《れいじょう》（礼儀正しく謙遜《けんそん》であること）を守ること。

8、信実《しんじつ》（誠実で偽《いつわ》りのないこと、正直）なること。

9、身体を大切にすること。

10、有害な情《じょう》を制止《せいし》すること。

11、耐忍《たいにん》の力を強くすること。

12、勇気を富ませること。
13、熟慮断行《じゅくりょだんこう》

勝負においてただ強くなることが柔道の目的ではなかった。最終的に品性《ひんせい》高き立派な人間になることであった。嘉納《かのう》は柔道を人間完成の道としたのである。明治十五年といえば文明開化《ぶんめいかいか》がいよいよ進み、翌年には鹿鳴館《ろくめいかん》が出来て華《はな》やかな舞《ぶ》踏会《とうかい》が行われる欧化《おうか》主義（社会の全てを欧米《おうべい》を手本としてまねてやってゆくこと）が全《ぜん》盛《せい》を極《きわ》めようとしていた時期であり、何事も西洋一点張《いってんば》りの欧米崇拝《すうはい》に草木《くさき》もなびく時代である。柔術《じゅうじゅつ》や柔道に専念《せんねん》する者は変人《へんじん》、奇人《きじん》、馬鹿と嘲笑《ちょうしょう》された時代、東大出の若き学士《がくし》が時代遅れの誰も顧《かえり》みない日本古来《こらい》の柔術に心を注《そそ》ぎ、やがて世界に広がる講道館柔道を創始《そうし》したことは実に偉大といってよい価値ある仕事であり、これにより嘉納治五郎《かのうじごろう》はわが国歴史に不朽《ふきゅう》の名を刻《きざ》むことになるのである。

2、柔道の発展

講道館の出発

嘉納《かのう》は明治十五年二月、東京市内の永昌寺《えいしょうじ》の三間《みま》を借り、一間《ひとま》を居間《いま》、もう一間《ひとま》を稽古場《けいこば》とし、もう一つに弟子《でし》を住まわせた。嘉納は東大と学習院に通《かよ》いつつ帰宅すると直《ただ》ちに一番弟子で後の講道館四天王《してんのう》の一人富田常次郎《とみたつねじろう》を相手に稽古《けいこ》に励んだ。また起倒流《きとうりゅう》の飯久保恒年《いいくぼつねとし》に毎日来てもらい指導を受けた。飯久保は親子ほど年齢が離れている嘉納を敬愛し、常に「先生」とよび、己《おの》れの柔術《じゅうじゅつ》の全てを伝授《でんじゅ》することを惜《お》しまなかった。

連日の猛稽古《もうげいこ》のため古びた部屋の床《ゆか》が抜けることもあった。またあまりの震動《しんどう》の激しさに、隣室の本堂の位牌《いはい》が揺《ゆ》れ動いたり屋根瓦《がわら》がずれたりするので住職《じゅうしょく》は悲鳴《ひめい》を上げて、「どうも嘉納《かのう》さんは誠に善い人だが、柔術《じゅうじゅつ》をやるのがきずだ。柔術さえやってくれなければ実に善い人だがな」と弟子の富田にこぼした。

そこで嘉納は境内《けいだい》に新しく十二畳の道場を建て同年五月、講道館を創立《そうりつ》し柔道を開始したのである。はじめはわずか十二畳の道場から出発したのであった。新時代にふさわしい武道《ぶどう》として柔道を高らかに掲《かか》げた嘉納の意気ごみは、天を衝《つ》くものがあった。しかし始めの頃、入門者はほとんどなかった。富田ら少数の弟子《でし》と東大時代の友人と学習院の教え子ら数名だけだった。柔術そのものが世間から見離されていた時代である。衣《ころも》がえをしたといえ少しも変り映《ば》えのしない古《こ》色蒼然《しょくそうぜん》とした柔道を始めた嘉納は、物好きで変り者の東大出の学士《がくし》と世間から見られたのも当然である。

嘉納は柔道を広めるに当り、入門料も授業料も一切《いっさい》取らなかった。稽古時間《けいこじかん》を限定《げんてい》すると人が来ないので、年中休まず時間もなるべく長くし、平日《へいじつ》は午後三時から七時まで、日曜は午前七時から正午までとした。最初のうち稽古着《けいこぎ》は講道館《こうどうかん》で用意し、やって来る人に借した。その洗濯係が富田《とみた》だった。当時彼が一番いやだったのはこの洗濯だったと後年のべている。来る人を少しでもひきつけるために、夏には麦湯《むぎゆ》を作り砂糖を添《そ》えて出してやったり、日曜日には昼飯まで用意して、嘉納《かのう》は自腹《じばら》を切り優待《ゆうたい》した。それでもなかなか人はやって来なかった。富田とその年八月入門した四天王《してんのう》の一人西郷四郎《さいごうしろう》が交互《こうご》に道場で一人ポツンと待つことが多かった。一年目の入門者は九名、二年目は八名である。

道場はその後幾度《いくど》か場所が変ったが、十畳《じょう》ないし十二畳ぐらいで狭《せま》く小さかった。入門者が少し出てきたころ二十畳になったが、始めの数年間はこのような小道場であった。この間《かん》、嘉納は入門者に稽古をつけながら飯久保《いいくぼ》に学び続け、富田や西郷らの弟子を相手にさらに研究に励《はげ》み、柔道の形《かた》と技《わざ》の完成に全力を傾《かたむ》けるのである。

猛稽古《もうげいこ》・荒稽古《あらげいこ》の日々

柔道の興隆《こうりゅう》、発展に全てを捧《ささ》げた嘉納《かのう》の努力は全《まった》くすさまじかった。互《たが》いに組合《くみあ》って技《わざ》をかけ合う練習を「乱取《らんどり》」というが、乱取の稽古《けいこ》は元日から大晦日《おおみそか》まで一日も休みなく行われた。午後三、四時ごろから始まるが遅い時は十二時に至《いた》る。日中は学習院教授として勤めを果《はた》し、そのあと長時間道場に仁王立《におうだ》ちして弟子たちに稽古《けいこ》をつけるのである。彼らがへとへとになっても、「さあ富田《とみた》来い」「西郷《さいごう》来い」と鍛《きた》えに鍛え上げたのである。嘉納はこうした猛稽古、荒稽古の先頭に立ち、弟子の誰よりも励みに励んだのである。

柔術《じゅうじゅつ》を習い始めて柔道を創始《そうし》するまでの五年、そのあと柔道が柔術諸派《しょは》を打ち破りその名が全国に轟《とどろ》き渡《わた》る明治二十年頃までの五年、合わせて十年間の嘉納の尽力《じんりょく》と精進《しょうじん》は人間の努力の限りを尽《つ》したものであり、嘉納は全く「柔道狂《ぐる》い」といってよかった。柔道家としての実力は無論随一《むろんずいいち》である。四天王《してんのう》といわれた猛《も》者《さ》らも全く歯が立たず他の柔術家《じゅうじゅつか》も同様であり天下無敵《てんかむてき》であり、その強さははかり知れなかったのである。

嘉納《かのう》は弟子に稽古《けいこ》をつけつつ、柔道の技を研究して次々に新しい技を編《あ》み出《だ》して行った。柔術諸流《じゅうじゅつしょりゅう》の技も漏《も》れなく検討《けんとう》し工夫《くふう》に工夫を加え、日夜《にちや》を分《わ》かたぬ努力が続けられた。夜中ふと目がさめて新しい手を思いつくことがよくあった。そこで睡眠中の富田《とみた》や西郷《さいごう》をたたき起こす。「いま面白い手を思いついた。ちょっとやってみよう」。二人は眠い目をこすりながら稽古着《けいこぎ》に着替《きが》えて相手をした。

嘉納治五郎師範（左）と四天王の一人
山下義韶（写真提供・公益財団法人講道館）

嘉納はああでもない、こうでもないと納《なっ》得《とく》がゆくまでやる。とうとう夜明けまでやることはしばしばであった。こうして柔道の形《かた》や技がほぼ完成したのは、明治十五年から二十年ごろにかけてである。

嘉納は三年目、二十畳《じょう》の道場を新築してから寒稽古《かんげいこ》を実施した。それは真冬の三十日間午前四時から七時まで朝食前の稽古である。以後それは講道館《こうどうかん》の年中行事になった。柔道家でもあった小説家の戸川幸夫《とがわゆきお》は嘉納《かのう》の柔道にかけた思いについてこうのべている。

「治五郎《じごろう》は柔道によって国家の中心となるような役に立つ国民を養成《ようせい》しようという大発心《だいほっしん》(高大なことを思い立つこと)の下《もと》に踏《ふ》み出《だ》したのであるから、門人集めの為《ため》に稽古《けいこ》に来る者を歓迎し大事に扱《あつか》ったが、決して甘やかしたりお世辞《せじ》(口先だけでほめること)を使うということはなかった。それどころかその稽古に臨《のぞ》む態度は極めて厳格《げんかく》でかつ激しいものであった。彼は後方にあって指揮《しき》ばかりしていたのではなく、自らが先頭に立っての陣頭指揮《じんとうしき》であった」

嘉納の講道館柔道は前人未踏《ぜんじんみとう》の道であった。嘉納は気高《けだか》い理想を掲《かか》げわき目もふらず突き進んだ。その不屈《ふくつ》の信念、不撓《ふとう》の根気《こんき》、燃えたぎる熱気《ねっき》は実に素晴らしかった。明治日本の興起《こうき》と躍進《やくしん》は近代世界史の一大奇蹟《いちだいきせき》だが、なぜそれが可能であったかといえば、嘉納治五郎《かのうじごろう》のような人物が各方面・各分野《ぶんや》から数多く出たからである。

すぐれた師匠《ししょう》からすぐれた弟子《でし》が次々に生まれた。富田常次郎《とみたつねじろう》と西郷四郎《さいごうしろう》に続いて山下義韶《やましたよしつぐ》、横山作次郎《よこやまさくじろう》が入門した。この四人がやがて四天王《してんのう》とよばれた。この四人は多くの柔術家《じゅうじゅつか》と試合をしたが、四人に勝ち得た者は一人としていなかった。四天王の名は天下に謳《うた》われた。四天王が敗れた場合、嘉納《かのう》の出番《でばん》だがついにその機会はなかった。四天王が天下無敵《てんかむてき》だったのだから、師範《しはん》の嘉納の強さは想像を絶したものと受けとめられた。嘉納は生前《せいぜん》すでに柔道の神様として伝説の人物となっていたのである。

柔道対柔術——西郷の山嵐《やまあらし》

四天王のうち最も有名なのが天才、名人の名をほしいままにした西郷四郎である。富田常次郎の子である富田常雄《つねお》の書いた『姿三四郎《すがたさんしろう》』は西郷四郎の柔道生活を種《たね》にして作られた小説である。西郷は会津藩士《あいづはんし》の子として慶応《けいおう》二年（一八六六）会津若松《あいづわかまつ》に生まれた。上京してまもなく講道館に入門したのが十七歳の時である。身長は一五一センチの小男だったが天性《てんせい》の素質があり一心《いっしん》に励んだからめきめきと上達《じょうたつ》、入門した翌年、富田とともに初段を与えられ同年二段に進んだ。西郷の得意技《とくいわざ》は「山嵐《やまあらし》」といわれる大技《おおわざ》で、誰一人敵対《てきたい》しうる者はいなかった。

嘉納《かのう》は世間《せけん》に柔道の真価《しんか》を認めさせるために進んで柔術諸流《じゅうじゅつしょりゅう》との他流試合《たりゅうじあい》に応じ、四天王《してんのう》ら弟子たちを戦わせた。実際に戦って柔術に勝って見せることが、柔道を広めてゆく何よりの手段《しゅだん》であった。この他流試合に最も華々《はなばな》しい戦いをしたのが西郷である。

柔道の名が一躍《いちやく》世間に伝わったのが、明治十八年五月、警視総監《けいしそうかん》三島通庸《みしまみちつね》が催《もよお》した武術大会《ぶじゅつたいかい》である。当時、警視庁は柔術師範《しはん》として日本で一番強いといわれていた戸塚流の四天王《してんのう》の随一《ずいいち》、好地円太郎《こうちえんたろう》と照島太郎《てるしまたろう》を採用《さいよう》していた。「学生柔道に何ができるか」と頭から馬鹿にしていた好地と照島は三島総監に、この際柔術対柔道、警視庁と講道館の対決を行い、彼らを木《こ》っ葉《ぱ》微塵《みじん》にして優劣《ゆうれつ》を決することを申し入れた。三島は柔道について、「そりゃ武術でないわい。ただの遊戯《ゆうぎ》じゃ」と言い放っていた際《さい》だから、「面白い、やれ」ということになった。当日、三島《みしま》のほか内務大臣《ないむだいじん》山県有朋《やまがたありとも》、司法大臣《しほうだいじん》山田顕義《やまだあきよし》、品川弥二郎《しながわやじろう》などの高官がずらりと並び、嘉納《かのう》はその末席《まっせき》に連《つ》らなった。

はじめの試合は照島太郎《てるしまたろう》と宗像逸郎《むなかたいつろう》である。宗像《むなかた》もまた嘉納が手塩《てしお》にかけた秘蔵弟子《ひぞうでし》で四天王《してんのう》に次ぐ強者《つわもの》だがまだ白帯《しろおび》で弱々しく見えた。対する照島は一八〇センチ、九四キロという大男で戸塚一門の四天王の一人である。二人は組合《くみあ》ったた。宗像は隙《すき》を見て払腰《はらいごし》をかけたが照島はびくともせず、宗像を見下《みお》ろしてにやにや笑った。そのあと照島は大力《たいりき》にまかせてねじ倒そうと技《わざ》をしかけてきたが、宗像は寝技《ねわざ》にもちこみ、おくりえりじめという絞技《しめわざ》で照島を失神《しっしん》させて完勝《かんしょう》した。全く無名の白帯が警視庁師範《しはん》の強豪《きょうごう》を敗ったのだから、会場はドッと歓声《かんせい》が上った。

次いで好地円太郎《こうちえんたろう》と西郷四郎《さいごうしろう》である。好地《こうち》は一七七センチ、九三キロ、西郷《さいごう》は一五一センチ、五二キロ、まるで大人と小供の取組《とりくみ》であった。組合《くみあ》うや好地は直《ただ》ちに力まかせに背負投《せおいなげ》の大技《おおわざ》をかけた。西郷の小さな体は宙に飛び一回転して畳《たたみ》に落ちるかに見えた。ところが西郷はさらに一回転して倒れずに畳の上に立った。会場はわっと驚きの声が上《あが》った。西郷《さいごう》は猫がいくらさかさまに落ちても頭から落ちないのを手本にして修行《しゅぎょう》を積み、いくら投げられてもくるりと回転して立てるようになっていた。

好地《こうち》は怒りにふるえた。「おのれ西郷」と再び猛然《もうぜん》とおどりかかった。その一瞬《いっしゅん》、西郷は飛鳥《ひちょう》のごとく好地のふところに飛びこみ、得意の必殺技《ひっさつわざ》山嵐《やまあらし》をかけた。山嵐というのは払腰《はらいごし》と背負投《せおいなげ》を組合わせたような技であり、決して腕力や体力の技でなく、全くのるかそるかという気力《きりょく》と胆力《たんりょく》の技で西郷だけが使うことのできる大技《おおわざ》であった。九三キロの好地の体は空中に舞い上り一回転半して四つんばいになって畳の上に落ちた。普通は背中から落ちるのだが、あまりにも技が決まりすぎたためこうなった。

背中から落ちなかったから一本《いっぽん》にならなかったが、好地は片ひざをついたまましばらく立上《たちあが》ることができなかった。腕前の差は明らかである。審判《しんぱん》の「立って」の注意に、好地はようやく立上《たちあが》った。三十秒後、再び山嵐が決まった。満場は西郷の神技《かみわざ》に我《われ》を忘れて見入り大喝采《だいかっさい》を惜《お》しまなかった。こうして講道館対警視庁の歴史的試合において柔道はその実力を天下《てんか》に示したのである。柔道開始後わずか三年余りでこの快挙《かいきょ》を遂《と》げたのであった。

龍虎《りゅうこ》の対決

翌年もまた警視庁武術大会《けいしちょうぶじゅつたいかい》が開かれた。三島警視総監《みしまけいしそうかん》は好地《こうち》と照島《てるしま》の代りに九州より中村半助《なかむらはんすけ》と仲半蔵《なかはんぞう》を柔術師範《じゅうじゅつしはん》に招いた。中村はこれまで不敗《ふはい》を誇った九州随一《ずいいち》の強者《つわもの》でその得意技《わざ》は当《あ》て身《み》であった。このままでは警視庁の面目《めんぼく》はまるつぶれだから、三島は雪辱《せつじょく》を期して嘉納《かのう》に対戦を申し入れた。

嘉納は対戦者に四天王の中の山下義韶《やましたよしつぐ》と横山作次郎《よこやまさくじろう》を指名《しめい》した。嘉納は中村らが当《あ》て身《み》を使っても、こちらが使うことは講道館柔道に反することだから決して使用してはならぬと命じた。

はじめは仲《なか》と山下である。山下は講道館きっての業師《わざし》であった。仲に対して小《こ》内刈《うちがり》、大内刈《おおうちがり》、小外刈《こそとがり》、大外刈《おおそとがり》と矢継《やつ》ぎ早《ばや》に技を繰《く》り出《だ》し最後に内股《うちまた》で投げつけた。格段《かくだん》の技量《ぎりょう》の差であり、場内は山下の多彩《たさい》な技に酔《よ》いしれた。

次いで中村と横山である。中村は一七四センチ、九四キロ、天性《てんせい》の快力《かいりき》の持主で必殺の当て身をもって、これまで七十八たび決戦して一度も負けたことのない柔術界《じゅうじゅつかい》きっての強豪《きょうごう》である。対する横山は小柄の人が多かった講道館では大きな方で一六八センチ、七五キロ。横山はすでに天神真楊流《てんしんしんようりゅう》を学ぶ柔術家であったが、前年の警視庁対講道館の大試合を見て感動、入門したのである。柔術で鍛えていたからまたたくまに上達《じょうたつ》、ことに横捨身技《よこすてみわざ》は無敵《むてき》といわれ「鬼横山《おによこやま》」の異名《いみょう》をとり西郷に劣らぬ実力の持主であった。

二人は組合ったが腕前は伯仲《はくちゅう》(同等)していた。約三十分間必死の攻防《こうぼう》が続いたが勝負がつかない。このままでは引分《ひきわけ》である。中村は三島から警視庁の面目《めんぼく》にかけて必ず勝てと言われていた。五十分を過ぎたその時、中村はわずかな隙《すき》を見て横山の額《ひたい》に拳《こぶし》をもって当《あ》て身《み》をくらわした。その瞬間横山はぐらっと目まいがした。ほとんど立ってはいられない強烈《きょうれつ》な打撃であった。これまで中村に対戦した相手はみなこの一発で畳《たたみ》の上に沈んだのだが、横山はかろうじてこらえた。

中村はここぞとばかり横捨身技《よこすてみわざ》をかけ寝技《ねわざ》にもちこもうとした。そのとき横山はとっさに中村の右わきにひっつき、右腕をとらえ腕ひしぎ十字固めに入った。修練《しゅうれん》がもたらした一瞬の早技《はやわざ》であった。中村はのがれようとして必死にもがいた。しかし横山の技は見事に決まり抵抗のすべなく、ついに中村の右肱《ひじ》の関節《かんせつ》がはずれた。

だが中村は歯をくいしばって痛さをこらえ、「参《まい》った」と言わない。規定《きてい》では絞技《しめわざ》は落ちる（失神《しっしん》する）まで、関節技《かんせつわざ》は本人が参ったというまで戦い続けるのである。警視庁柔術師範《じゅうじゅつしはん》の面目《めんぼく》にかけて中村は降参《こうさん》しなかった。ここにおいて武士の情《なさけ》を知る横山（横山は武家《ぶけ》出身）は両手を放して立上《たちあが》った。中村も立上った。右手はぶらぶらしたままだが、それでも中村は参ったと言わない。

横山の額《ひたい》からは鮮血《せんけつ》がしたたり落ちた。中村は死力を尽《つく》して最後まで戦うつもりでいた。両者のこのあまりにもすさまじい有様《ありさま》に満場《まんじょう》は騒然《そうぜん》となった。これを見た審判は「それまで」と宣言したが、その声が耳に入《はい》らぬのか、二人は歩み寄りむんずと組み合った。その時、三島警視総監《みしまけいしそうかん》はたまりかねて、壇上より大声で叫んだ。

「その試合、やめ。勝負はこの三島通庸《みしまみちつね》にあずけてくれ」

満場はどよめいた。固唾《かたづ》を呑《の》んでこの対決を見守っていた人々は両者の健闘をたたえた。ことに横山の中村に対する情《なさけ》ある振舞《ふるまい》と事実上勝ちを制《せい》した技量《ぎりょう》に万雷《ばんらい》の拍手を送った。横山と中村の龍虎相打《りゅうこあいう》つ一時間の激闘《げきとう》は当時世間に喧伝《けんでん》され、前年の西郷《さいごう》対好地《こうち》の試合とともに後々《のちのち》まで語り草《ぐさ》となるのである。

これまで講道館柔道に白い目を向けてきた三島は、今日《きょう》という今日《きょう》こそ柔道の実力を思い知らされた。以後三島は警視庁《けいしちょう》　柔　術《じゅうじゅつ》を警視庁柔道とよび改め、嘉納《かのう》に礼を尽《つく》して山下と横山を柔道師範《しはん》として迎えるのである。

日本から世界への発展

明治十八、十九年の警視庁との大試合で天下無敵の強さを示した講道館柔道はこれを境《さかい》にして急速に発展していった。入門者は十九年九八名、二十年二九二名、二十一年三七八名、二十二年六〇五名と急増し、この年門下生《もんかせい》は総数千五百名に達した。

また海軍兵学校《かいぐんへいがっこう》、東京大学、学習院、一高、二高、三高、四高、五高、高等師範《こうとうしはん》学校、慶応義塾などに次々と道場が開かれ、やがて全国至《いた》るところで柔道が行われるようになる。特に海軍における柔道熱は高かったが、海軍兵学校に柔道をとりいれることに最も尽《つく》したのが広瀬武夫《ひろせたけお》であった。広瀬は兵学校入学前に入門したが、海軍軍人になってからも暇《ひま》さえあれば講道館に駆《か》けつけて稽古《けいこ》に励んだ。講道館に住みこんで柔道に専念《せんねん》する者に劣らないほどの愛好者で、嘉納《かのう》を心から敬愛していた。広瀬は普段は軍艦勤務《ぐんかんきんむ》で練習できない。そこで休みになると講道館で朝から昼食抜きで夕方までぶっ通しで一週間分の稽古《けいこ》をした。嘉納はこのような広瀬をことに親愛して弟子たちによく「広瀬君を見習え」と諭《さと》すとともに、「海軍はどうも格別だな。これだから御国《みくに》の御楯《みたて》となれるのだ」と感心していた。

明治二十七年、嘉納は百畳《じょう》の大道場を新築した。落成式《らくせいしき》にはこれまで支援《しえん》を惜《お》

道場での稽古風景（写真提供・公益財団法人講道館）

しまなかった勝海舟《かつかいしゅう》や品川弥二郎《しながわやじろう》らを招いた。このとき嘉納《かのう》は山下を相手にして講道館柔道の形《かた》を演じて見せたが、満《まん》堂《どう》の人々に深い感銘《かんめい》を与えた。嘉納父子に浅からぬ縁をもつ勝海舟は嘉納の神技《しんぎ》ともいうべき演武《えんぶ》（柔道の技を行って見せること）にいたく感嘆した。

明治四十二年、講道館員は全国で六千名に達し、有段者は二百名を超えた。さらに明治後半期、柔道は早くもヨーロッパ、南北アメリカ、インド、中東などに伝えられた。

柔道を開始するまでの五年間と開始後の四、五年は苦労と試練《しれん》の連続であったが、明治二十年代になって飛躍的発展を遂《と》げまたたくまに全国に浸透《しんとう》するのみならず、三十年代には世界に広がって行くのである。明治の日本は全ての面においてて欧米を手本としたから、海外から欧米の文物《ぶんぶつ》が入ってくるばかりであり、わが国から海外に出すものは美術工芸品以外にほとんどなかった。そうした中で柔道が急速に海外に広まっていったことは、まことに驚異的《きょういてき》なことであった。柔道を創始《そうし》した嘉納の偉大さはもっともっとたたえられてよいのである。

3、明治の一大教育家

教育家としての使命

嘉納《かのう》は柔道の創始者《そうししゃ》であるばかりではなく、この時代を代表するすぐれた教育家でもあった。東京大学卒業後、学習院教授、第五高等中学校（熊本）、第一高等中学校（東京）の校長をつとめて、三十四歳のとき高等師範《しはん》学校校長となり以後二十四年間も勤めた純然《じゅんぜん》たる教育者である。片方で柔道、もう一方で教育、嘉納にとり柔道と教育は不可分一体《ふかぶんいったい》のものであった。嘉納には教育者としての天性《てんせい》

（天から授かった性質）があり、青少年を愛して教えることが好きで、教育こそ自分の使命と思い生涯《しょうがい》この道を歩んだ。こうのべている。

「自分は生来《せいらい》（生まれつき）人を教えることに興味を有していた。幼少の時分、四《し》書《しょ》（論語《ろんご》・大学《だいがく》・中庸《ちゅうよう》・孟子《もうし》、儒教《じゅきょう》の経典《きょうてん》）の素読《そどく》を教《おそ》わっていた頃、親類の自分よりさらに年少のものどもを集めて、いろいろの文字を書き抜いて教えたこともある。自分にとっては人に物を教えるということが一種《いっしゅ》の楽しみであった。そういう天分《てんぶん》からでもあろう。自分は大学で政治、理財科《りざいか》を卒業したのであるから、当然どこかの官庁に奉職《ほうしょく》でもしようというのである。自分の親の友達などは、大《おお》蔵省《くらしょう》へ世話《せわ》するからとすすめてくれた。しかし自分は従わなかった」

「自分は若いとき大学を出て総理大臣になろうか、それとも千万長者《せんまんちょうじゃ》になろうかと考えた。しかし総理大臣になったって、たかの知れたものでないか。千万長者になったってつまらないではないか。男一匹《いっぴき》かけがえのないこの生涯をささげて悔《く》いなきものは、教育をおいてほかに考えられないという結論に達して教育に向った」

「教育のこと、天下《てんか》これより偉《い》なるはなし。一人の徳教《とくきょう》（道徳の教え）広く万人《ばんにん》に加わり、一世《いっせい》の化育《かいく》（感化《かんか》）遠く百世《ひゃくせい》に及ぶ。教育のこと、天下これより楽しきはなし。英才《えいさい》を陶鋳《とうちゅう》（鍛《きた》え磨《みが》きあげること）して兼《か》ねて天下を善くす。その身亡《みほろ》ぶといえども余薫《よくん》（あとあとまで残る道徳の香《かお》り、感化《かんか》）とこしえに存《そん》す」

嘉納《かのう》は政治、経済の重要さを知っていたが、教育はそれ以上に大切だと思った。政治、経済の基盤《きばん》になるのが教育であり、教育が健全であり教育がよくならない限り、政治、経済も決してよくはならないからである。

嘉納塾《かのうじゅく》

嘉納は柔道を始めた年、同時に自宅で塾を興《おこ》した。嘉納の家に同居《どうきょ》する者に柔道だけではなく学問の指導をし精神教育を行った。また嘉納のすぐれた人格を信頼する親類や懇意《こんい》の人々から、その子弟《してい》の指導監督を頼まれて子供を預《あず》かった。

柔道が発展し嘉納《かのう》の名が高くなるにつれ塾生《じゅくせい》は増加、多いときは五、六十名もいた。嘉納は学校で教職をつとめる一方、毎日休みなく柔道を教え、さらに自宅で塾生を導いたのである。嘉納はこの塾を約四十年間続けた。三人前の仕事であったが、嘉納は「教育のこと天下これより偉《い》なるはなし。教育のこと天下これより楽しきはなし」との信念のもとに、三つとも立派にやりとげるのである。学校での教育、柔道教育、嘉納塾《かのうじゅく》での教育の精神は一つに貫《つらぬ》かれていた。嘉納は塾を開いた目的をこうのべている。

「回顧《かいこ》すれば塾を興《おこ》した当時は明治維新後《めいじいしんご》間もない時で、旧物破壊旧習打破《きゅうぶつはかいきゅうしゅうだは》の気風《きふう》が漲《みなぎ》っており欧米《おうべい》の文化を輸入模倣《ゆにゅうもほう》しようという傾向《けいこう》の盛んなときであった。しかし玉石《ぎょくせき》を混淆《こんこう》して（味噌《みそ》も糞《くそ》も一緒にして）日本旧来《きゅうらい》の美風良俗《びふうりょうぞく》（うるわしい伝統《でんとう》・習慣《しゅうかん》・風俗《ふうぞく》）をもことごとくあわせ捨てることについてはもとより遺憾《いかん》（残念）に思った。その時たまたま私の精神を喜んで私のもとに投《とう》じた学生もあり、親戚知己《しんせきちき》からも子供の教育を委託《いたく》（頼まれること）された。そこで一つ塾を興《おこ》して己《おの》れの主義に本《もと》づいて青年子弟《してい》を教育し、もって当時の弊風《へいふう》（悪習《あくしゅう》）を匡救《きょうきゅう》

（正しく直すこと）し有為《ゆうい》の人材を造《つく》ろうと決心した次第《しだい》である。

常に遠大《えんだい》の目的を持《じ》し、国家社会に有用《ゆうよう》の材《ざい》（人物）となろうと心がけ、目前《もくぜん》の利害を眼中《がんちゅう》に置かぬこと、艱難《かんなん》（困難）に堪《た》え不自由に甘《あま》んずる強固《きょうこ》な意志を養うこと、家が富《と》んでいても浪費《ろうひ》をなさず質素《しっそ》の習慣を養うこと等、要《よう》するにいかなる境遇《きょうぐう》にあっても自暴自棄《じぼうじき》（やけくそになること）せず、沈着《ちんちゃく》（落ちついて物事に動じないこと）にして必ず所期《しょき》の高遠《こうえん》の目的を達するような人物を造りたいというのが私の方針であった」

嘉納《かのう》は塾生《じゅくせい》たちにあたたかい家族的愛情をもって接したが、決して甘やかさず厳しく躾《しつけ》た。起床は五時、日曜だけは六時、起床後はすぐ塾内外の清掃《せいそう》をさせる。学校から帰ると一定時間全員に柔道の稽古《けいこ》を課《か》した。塾内《じゅくない》は厳冬《げんとう》でも火鉢《ひばち》などの暖房《だんぼう》は一切《いっさい》許さなかった。毎日曜早朝、修身《しゅうしん》について教え諭《さと》した。嘉納が塾教育でことに重んじたのは、労働を尊ぶことと艱難《かんなん》苦痛に慣《な》れさせること並びに礼譲《れいじょう》教育である。前二つにつきこうのべている。

「わが塾においては幼年の時分《じぶん》から労働を貴《とうと》ぶことを教え、困苦欠乏《こんくけつぼう》に慣《な》れさせるよう努《つと》めている。自分は幼年の時分《じぶん》から困難を忍《しの》び労働に慣れるということが、他日《たじつ》困難なる事業に従事《じゅうじ》し繁劇《はんげき》（きわめていそがしいこと）なる世に処《しょ》して（向って）屈《くっ》せざる実力を養う最上の手段と考えているのである。自分は目前《もくぜん》の愛に引《ひ》かされて子供に我儘勝手《わがままかって》を許した家庭の子供を多く見た。かくのごとき子供は遂《つい》にその一身《いっしん》を誤ってしまう。しかるに幼年の時から労働の習慣を養い、艱難《かんなん》苦痛を嘗《な》めておった者ならば、為《な》すべきことに当《あた》ってはいかほどの困難も辞《じ》せぬ（しりごみせず行うこと）。為《な》すまじきことであるならば、いかほどの苦痛も忍《しの》んで自《みずか》ら抑制《よくせい》する。目的を達するに必要であるならば、いかほどの勤勉にも堪《た》える」

嘉納塾《かのうじゅく》には華族《かぞく》（旧公家《くげ》旧大名《だいみょう》など）や良家《りょうけ》の子弟《してい》がいた。彼らは、苦労知らずのお坊ちゃん育ちが多いから、嘉納は特にこのことに心を尽《つく》したのである。

礼譲《れいじょう》教育においては、起床及び就寝時、塾生《じゅくせい》一同、嘉納塾長《かのうじゅくちょう》の前に正座《せいざ》して心をこめて「お早うございます」「おやすみなさい」と敬礼《けいれい》した。礼に始まり礼に終る毎日である。

また柔道修行《しゅぎょう》においては、冬と夏三十日間の寒稽古《かんげいこ》、暑中稽古《しょちゅうげいこ》が行われた。

夏には海浜《かいひん》で水泳も行った。

嘉納《かのう》はこのような規則正しい塾生活《じゅくせいかつ》、柔道修行《じゅうどうしゅぎょう》を通じて塾生《じゅくせい》たちが、正直誠実を本《もと》にして勤勉《きんべん》、質素《しっそ》、剛健《ごうけん》にいかなる艱難辛苦《かんなんしんく》にも耐《た》え抜《ぬ》く不撓不屈《ふとうふくつ》の心身《しんしん》を養うことに、自《みずか》ら手本となって彼らを導いたのである。塾生たちはみな嘉納を親のごとく敬慕《けいぼ》した。

名教師・名物校長

嘉納は二十三歳の時、学習院教授《がくしゅういんきょうじゅ》となり、二十七歳の時に教授兼教頭《きょうとう》を務《つと》めた。学習院は旧公家《くげ》旧大名《だいみょう》らの華族《かぞく》の子弟《してい》が学ぶところだが、この年で教頭になったのは教育者としてよほどすぐれていたからである。立花種恭《たちばなたねたか》、谷干城《たにたてき》、大鳥圭介《おおとりけいすけ》という歴代の院長は嘉納を深く信頼してやまなかった。年齢があまり離れていない学生たちも嘉納の人物、学問に服《ふく》した。

三十二歳の時、竹添進一郎《たけぞえしんいちろう》の娘須磨子《すまこ》と結婚した。二人は三男五女を授かった。次男の履正《りせい》が第三代講道館長に就任《しゅうにん》している。夫婦仲は円満《えんまん》だった。須磨《すま》子《こ》夫人は実によく出来た女性で多くの子供を育てるとともに、塾生《じゅくせい》たちの面倒《めんどう》を見た。塾生たちは夫人を慈母《じぼ》のように慕《した》った。四十年近い嘉納塾《かのうじゅく》の運営は夫人の内助《ないじょ》の功《こう》なくしては到底《とうてい》なりたたなかった。

三十二歳の時、熊本の第五高等中学校長になった。わずか一年半の在任《ざいにん》であったが、名校長として教師、生徒から深く敬服《けいふく》された。学校に立派な柔道場を建てたり、松江《まつえ》にいた小泉八雲《こいずみやくも》を英語教師として招きよせた。そのあと東京の第一高等中学校長に転じた。ここは在任わずかに三ヵ月である。

明治二十六年、三十四歳のとき高等師範《しはん》学校長になった。高等師範学校は中等教育の教師を養成する専門の学校でこの時、東京に一つだけである。やがて広島にも出来たので明治三十五年からは、東京高等師範学校(筑波《つくば》大学の前身《ぜんしん》)とよばれる。

嘉納は高等師範学校長として二十四年間、心血《しんけつ》を注《そそ》いで職務《しょくむ》に尽《つく》した。立派な日本国民を育て上げる学校教師を養成《ようせい》することほど、重要な仕事はないと信ずる嘉納《かのう》に最適《さいてき》の任務であった。当時社会一般では師範《しはん》教育の重要性は深く認識《にんしき》されておらず、高師廃止論《こうしはいしろん》もあった。校長就任時《しゅうにんじ》、生徒数はわずか八十数名である。嘉納は高等師範学校の教育内容の充実《じゅうじつ》に全力を尽《つ》くし、教授陣《きょうじゅじん》の強化《きょうか》につとめ、すぐれた人物を数多く集めることに骨を折った。若き夏目漱石《なつめそうせき》もここで英語を教えた。わずか百名ばかりの学生のために当時一流の学者を集めたのである。

　また嘉納はこれまで文科、理科の二科しかなかった高等師範学校に体育科を新《しん》設《せつ》した。体育科では体操と並んで剣道と柔道が必修《ひっしゅう》とされた。嘉納が学生たちに柔道を奨励《しょうれい》したことはいうまでもない。学習院や全国の高等学校で柔道は盛んに行われたが、最も活発だったのが高等師範学校である。さらに嘉納はここで陸上競技、水泳などの運動競技を行わせた。やがてこの方面において優秀な選手が多数出たが、高等師範学校は運動競技の中心と見なされるようになった。

　嘉納の二十数年間の撓《たゆ》まざる尽力《じんりょく》の結果、大正九年の退任時《たいにんじ》、在学生は七百余名に達した。全国の中学校長の東京高師出身者は飛躍的に増大していった。

　嘉納は校長として週一回全学生に修身《しゅうしん》を教えた。卒業前には必ず少人数ずつ校長室によび、質問させながら親しく訓戒《くんかい》した。卒業生の中に後に東急《とうきゅう》を創設《そうせつ》した五島慶太《ごとうけいた》がいたが後年《こうねん》、嘉納《かのう》についてこう語っている。

「高師《こうし》では一週間に一回、この嘉納校長の修身科《しゅうしんか》があった。その講義の変っていることは、はじめからしまいまで『なあにくそッ』の一点張《いってんば》りでほかのことは何も説きやしない。これは柔道の方からきた不屈《ふくつ》の精神の鼓吹《こすい》（勢いよく励ますこと）で、勝っても『なあに』、負けても『なあに』、どっちにころんでも『なあに』という訓《おし》えであった。

私は最初変なことをいう先生だと思ったが、これを一年間繰返《くりかえ》し聞かされているうちに、なるほどそうかなあとだんだんわかり出してきた。しかし体験的にはまだまだよくわからなかった。ところが世の中へ出てみて先生の教えが本当にわかった。高師《こうし》ではいろいろなことを教わった。それらは大方忘れてしまった今日まで、一番頭に残り一番役に立ったのはこの『なあにくそッ』であった。どんなことにぶつかってもこれさえ忘れなければ必ずやってゆけるという先生の言葉はウソではなかった」

「なあにくそッ」という言葉を発する嘉納《かのう》の全身から発する人格と気魄《きはく》が、学生たちの肺腑《はいふ》に浸《し》み透《とお》り後々《のちのち》まで感化《かんか》を与えたのである。嘉納は東京高等師範《しはん》学校の名物《めいぶつ》校長として高く仰《あお》がれた。世間は「高師の嘉納か、嘉納の高師か」と言った。

尊皇《そんのう》愛国の明治人

嘉納は皇室を限りなく尊び崇《あが》め敬《うやま》い慕《した》った。そうして日本が天皇を戴《いただ》いて独立を守り抜き、欧米列強に負けず隆々《りゅうりゅう》と栄えて行くことを何よりも願った。明治・大正・昭和の時代に生きた日本人はほとんどみなそう思ったのである。

昭和十三年、カイロでオリンピックの東京開催が正式に決定された。嘉納はこの会議に出席した帰路《きろ》、太平洋上で急逝《きゅうせい》したが、四月二十九日船上で天長節《てんちょうせつ》（昭和天皇のお誕生日）を迎えた。病床《びょうしょう》にあった嘉納は起き上り礼服《れいふく》に着替《きが》え、洋上はるかに東天《とうてん》を拝《はい》し聖寿《せいじゅ》（天皇陛下のご寿命《じゅみょう》）の無窮《むきゅう》を寿《ことほ》いだ。わが国においては天皇と国民は一体であった。天皇を仰ぎ尊び敬うことは、日本の国家国民全体の永遠の繁栄と幸福を祈ることと一つであった。

日清戦争《にっしんせんそう》後、わが国はロシア・フランス・ドイツによる「三国干渉《さんごくかんしょう》」をうけて、遼東《りょうとう》半島を清《しん》に返還《へんかん》させられた。その三年後、ロシアは旅順《りょじゅん》・大連《だいれん》を清《しん》から奪い取った。そのあとロシアの日本に対する圧力が年ごとに高まっていったある年正月の寒稽古《かんげいこ》の時、嘉納《かのう》は道場で弟子たちに対して熱弁を奮《ふる》い、一死《いっし》をもって国難《こくなん》に当たるべきことを説いた。講道館において柔道の稽古をして心身《しんしん》を鍛《きた》えているのは一体何の為《ため》か。ただ強くなるためか。試合に勝つ為か。そうではない。国のため世のために役に立つ日本人になることであった。国家民族の生存《せいぞん》にかかわる重大事つまり国難に直面《ちょくめん》した時、一身《いっしん》を捧《ささ》げて尽《つ》くせ。これが講道館柔道を創始《そうし》した嘉納の教えであった。柔道の精神は結局、武士道《ぶしどう》の精神であったのである。

海軍兵学校《かいぐんへいがっこう》に柔道をとりいれることに尽《つ》くした広瀬武夫《ひろせたけお》は、日露《にちろ》戦争における旅《りょ》順《じゅん》口閉塞作戦《こうへいそくさくせん》で壮烈《そうれつ》(勇ましくはげしいこと)な戦死をとげた。親友で柔道仲間の財部彪《たからべたけし》海軍中佐が広瀬の戦死を報告するためにやってきた。広瀬《ひろせ》は四段、海軍随一《ずいいち》の腕前で嘉納《かのう》を心から敬愛していた。嘉納も広瀬を親愛してやまなかったから、財部《たからべ》は言いにくく嘉納の方から聞いてきた。財部は「入口まで突込《つっこ》んで船を爆破《ばくは》しました。大成功です」と答えると、「本人はどうした」と聞いた。「残念ながら戦死しました」と言うと、「目的を達したならばその位《くらい》あたり前じゃ。よかった、よかった」と言い放《はな》った。国のため世のために己《おの》れを捧《ささ》げ、いつでも命を投げ出せる覚悟を持つ嘉納だからこう言えたのである。しかし心の中では泣いた。嘉納はこの死せる愛弟子《まなでし》に対して特別に六段を贈った。その時の言葉はこうだ。

「忠勇《ちゅうゆう》(忠誠《ちゅうせい》と勇気)と思慮《しりょ》とを天下に示し、講道館柔道の精神を発揮《はっき》せり。よって六段を贈る」

4、世界に貢献《こうけん》できる日本文化

わが国「体育の父」

嘉納《かのう》は柔道と学校教育だけではなく、もうひとつわが国の体育において大きな貢献《こうけん》をした。柔道と体育は密接な関係をもつが、嘉納は徳育《とくいく》・知育《ちいく》・体育の三つが偏《かたよ》りなく行われることが、青少年の健全な成長にとりなくてはならぬことをいかなる人よりも深く知っていた。当時、明治時代前期の教育は知育が中心で徳育、体育は軽視《けいし》された。欧米の学問、思想、文明を取り入れることに急ぐあまり、知識教育に傾《かたむ》いたのである。しかしやがて反省がおこり、子供たちにしっかりとした倫理《りんり》、道徳を身につけさせる為《ため》、明治二十三年、教育勅語《きょういくちょくご》が制定《せいてい》された。しかし体育の方はそのままであった。

嘉納《かのう》は自分が虚弱体質《きょじゃくたいしつ》であったから体育の重要性を誰よりも痛感《つうかん》していた。それゆえ高等師範《しはん》学校に体育科を新設したのである。当時の学校には体操科《たいそうか》がおかれていたが、学校の体育は体操に限られており、本格的な体育教育は未発達であった。体育の重要性を説く指導者はほとんどいなかった。そうした時代に嘉納はその重要性を強く主張するとともに、自《みずか》ら学校、家塾《かじゅく》そして講道館において実《じっ》践《せん》して見せたのである。柔道の普及《ふきゅう》と表裏一体《ひょうりいったい》となった嘉納の体育教育の実践《じっせん》は社会に大きな影響を与え、以後急速に体育教育が全国に浸透《しんとう》してゆくのである。全く嘉納の一人舞台《ひとりぶたい》といってよい大活躍により、明治以降のわが国体育の発展がもたらされたのである。嘉納の伝記を書いた横山健堂《よこやまけんどう》はこうのべている。

「嘉納先生は明治以来、新日本の『体育の父』と称すべく、日本のスポーツの発達が今日の如く盛大になった功績《こうせき》の一半《いっぱん》（半分）は先生に帰《き》すべきであり、第一に教育上体育を尊重し体育の地位を向上せしめたる卓見《たっけん》（すぐれた考え）と努力とは他に比類《ひるい》すべき人を見ない」

嘉納《かのう》は柔道の生みの親であるとともに、日本の「体育の父」でもあったのである。

わが国初のオリンピック委員

嘉納は日本のオリンピック参加の歴史においても特筆《とくひつ》すべき役割を果たしているが、このことはほとんど知られていない。明治四十二年、駐日フランス大使が突然来訪《とつぜんらいほう》、近代オリンピックの父クーベルタン男爵《だんしゃく》の依頼《いらい》であるとして、国際オリンピック委員会の東洋諸国を代表する委員として嘉納に就任《しゅうにん》を要請《ようせい》したのである。フランス大使は外務省その他の意見を聞いたところ、いずれも嘉納以外に適任者《てきにんしゃ》なしということであり、嘉納は受諾《じゅだく》した。

第一回オリンピックは一八九六年に開催された。日本が初参加したのは明治四十五年（一九一二）の第五回大会（ストックホルム）である。この大会に代表選手を出す為《ため》に、明治四十四年に結成されたのが、大日本体育協会である。日本初の体育団体であり嘉納《かのう》は会長に就任《しゅうにん》した。

当時行われていた運動競技は、野球、庭球《ていきゅう》（テニス）、蹴球《しゅうきゅう》（サッカー）、陸上競技、水泳、競漕《きょうそう》（ボート）、ホッケー、スキー、スケートなどだったが、ほとんどみな始まったばかりである。陸上競技といっても諸学校で行われる運動会が主体《しゅたい》であり、全国的な競技会はなくまたこれを行う全国的な運動団体もなかった。嘉納はオリンピックに送る選手を選び出す為に、関係者と協議《きょうぎ》を重ねこの大日本体育協会を作り上げたのである。

嘉納は第五回大会に日本選手団の団長として二人の選手をつれて参加した。以後病気で行けなかった第八回を除き最後まで選手団を率《ひき》いた。始めはごく少数の参加で見るべき成果はなかったが、第九回大会（昭和三年、アムステルダム）から日本選手の活躍が始まった。参加者は四十名、その中で三段跳《だんとび》で織田幹雄《おだみきお》、二百メートル平泳ぎで鶴田義行《つるたよしゆき》が金メダル、八百メートル平泳ぎで人見絹枝《ひとみきぬえ》が銀メダルをかちえた。第十回大会（昭和七年、ロサンゼルス）は一二八名が参加、陸上、馬術、水泳において多くの金メダルを獲得、ことに水泳の活躍はめざましく「水泳日本」の名は世界に轟《とどろ》いた。第十一回大会（昭和十一年、ベルリン）においても大活躍し、日本はオリンピックにおける一方の雄《ゆう》と見なされるまで驚異《きょうい》的躍進《てきやくしん》をとげたのである。これもひとえに嘉納《かのう》の尽力《じんりょく》の賜《たまもの》であった。

「死の凱旋《がいせん》」

オリンピックにおける日本人の活躍は、国民の間にオリンピック熱《ねつ》を巻き起こし、東京市会は昭和六年、一九四〇（昭和十五）年の第十二回大会の東京開催を決議した。嘉納は「オリンピックの招致《しょうち》は私の大使命」として以後全力を尽《つく》した。反対する国もあり嘉納は苦労を重ねたが、ようやく昭和十三年のカイロ会議で正式に東京開催が決定された。長年にわたり委員をつとめてきた嘉納は欧米委員からその人格と見識《けんしき》につき深い尊敬が払《はら》われていた。結局それが東京大会を決定させた要因《よういん》である。

嘉納《かのう》はその帰路《きろ》、太平洋上の氷川丸《ひかわまる》で病《やまい》に倒れ同年五月四日、船上で劇的な最《さい》期《ご》を遂《と》げた。東京開催決定に精根《せいこん》を傾け不帰《ふき》の客となった嘉納の遺体《いたい》が横浜港に着いたとき、世間は「死の凱旋《がいせん》（戦いに勝って帰ること）」とたたえて心から哀悼《あいとう》した。年少時の決意の通り、七十九歳の生涯《しょうがい》を世のため人のために捧《ささ》げた大往生《だいおうじょう》であった。

書が上手な嘉納は人々から求められて生涯多くの揮毫《きごう》をしたが、その文字の中に「自他共栄《じたきょうえい》」がある。世界中の国々人々が仲良く共存共栄《きょうぞんきょうえい》して真の平和を実現することが嘉納の目指した大きな理想であった。その理想実現の為《ため》の一つが柔道の普及《ふきゅう》である。オリンピック東京開催に尽力《じんりょく》したのもその為《ため》である。嘉納が太平洋上で生涯を終えたことは、人々を深く感銘《かんめい》させずにおかなかった。「太平洋」とは平和の海という意味である。「自他共栄《じたきょうえい》」を掲《かか》げて国家社会と世界の為に尽《つく》したこの偉人の最期《さいご》を遂《と》げるのにもっともふさわしい場所であった。明治日本の生んだ一巨人の堂々たる最期であった。嘉納の急逝《きゅうせい》に対して国内は言うまでもなく、諸外国からも深い哀悼《あいとう》（かなしみいたむこと）の意が寄せられた。
「嘉納翁《かのうおう》（老人のこと）の訃報《ふほう》に接し哀悼の至りに堪《た》えない。私はこれまで諸種《しょしゅ》の委員会において嘉納翁と同席する光栄を得た。私はかかる素晴らしい人物に会った喜びを長く記憶に印《しる》し忘れ得ないであろう」（イギリス）
「嘉納さんが帰朝《きちょう》の途《と》、太平洋上で急逝《きゅうせい》されたと聞いて非常に驚愕《きょうがく》しました。同氏とは多年国際オリンピック委員会総会で顔馴染《かおなじみ》である。殊《こと》に今回のカイロ会議では老齢《ろうれい》よく奮闘《ふんとう》された事実をまざまざと思い出すだけに、氏の急逝は痛わしい極《きわ》みであり、また信じられないような気も致します。言わば同氏はオリンピックの為《ため》に殉《じゅん》ぜられたことになりましょう。私は心から同氏の逝去《せいきょ》に対し哀悼《あいとう》の意を表します」（イタリア）
「翁《おう》がカイロ会議の使命を果たしての帰途《きと》に死すとは、古代ギリシャにおいて戦線の勇士がマラソンまで必死となって走り続け、ギリシャ軍の勝利を報告して絶《ぜっ》命《めい》したことを思い起こさせるものがある」（アメリカ）
「国際オリンピック委員会でも正義の士として、人々の敬愛の的《まと》であった」（ドイ

ツ）

東京大会は内外情勢の緊迫《きんぱく》のため中止のやむなきに至ったのは残念であった。しかし嘉納《かのう》がわが国「体育の父」として、日本初の国際オリンピック委員として約三十年間尽力《じんりょく》し、東京大会開催を決定する上に払った努力は深く賞賛《しょうさん》されてしかるべきである。

英雄的気魄《きはく》と不撓不屈《ふとうふくつ》の負けじ魂

柔道と教育並びに体育に不朽《ふきゅう》の功績《こうせき》を残した嘉納は、近代日本の生んだ一大人物であった。これほどすぐれた人格、見識《けんしき》、才幹《さいかん》（物事をなす才能、手腕《しゅわん》）を兼《か》ね備えた人はそう多くはない。裕福《ゆうふく》な豪商《ごうしょう》の家に育った嘉納は大らかでのびやか、悠揚迫《ゆうようせま》らぬ（ゆったりしてこせこせしないこと）大海《たいかい》のような心の広さがあった。人々を包容する度量《どりょう》と気宇《きう》（心意気、心もち）の大きさは天性《てんせい》であった。良い意味の殿様気分《とのさまきぶん》が漂《ただよ》っていた。正直、誠実、慈愛《じあい》の心は深く、敬神《けいしん》・尊皇《そんのう》・愛国は父親譲《ゆず》りであった。

その上に並はずれた気魄《きはく》(強く鋭い気力、精神力)と胆力《たんりょく》(物事に動じない剛毅《ごうき》な心、勇気)を備えていた。無類《むるい》の負けず嫌いであり、不撓不屈《ふとうふくつ》の根気《こんき》と忍耐力《にんたいりょく》と努力を生涯《しょうがい》にわたり貫《つらぬ》いた。柔道五十数年、学校教育三十数年、嘉納塾《かのうじゅく》四十年、オリンピック活動三十年がそれを物語っている。

嘉納《かのう》は「疲れた」という言葉が嫌いだった。いかに多忙を極《きわ》めても決して疲れたと言わなかった。嘉納の辞書には疲労《ひろう》という文字はなかった。また嘉納は楽天《らくてん》家《か》であった。カイロ会議における東京大会開催決定は当時誰もが困難と見ていたが、「くよくよしてもつまらん」と言って最善《さいぜん》を尽《つく》した。この言葉は口癖《くちぐせ》の一つだった。

そうして明敏《めいびん》なる頭脳と深い学問、見識《けんしき》を備えていた。読書に励み和漢洋《わかんよう》の学問に通《つう》じ、英語を得意として、日記はよく英語で書いている。国際的教養があったから、欧米人と堂々とつき合い彼らの尊敬をかちえた。明治時代にはこの様《よう》な人物が嘉納のほかに、岡倉天心《おかくらてんしん》、南方熊楠《みなかたくまぐす》、新渡戸稲造《にとべいなぞう》などがいた。嘉納は天から授かった素晴らしい素質、才能を数多くもち、それを見事に開花《かいか》させた偉人《いじん》の一人であった。嘉納《かのう》はまことに颯爽《さっそう》（すっきりとさわやかですばらしい見映《みば》えがすること）とした稀有《けう》の日本男児《にっぽんだんじ》であったのである。

嘉納の葬儀は昭和十三年五月十九日、講道館で行われたが、その時門下生総代《そうだい》宗像逸郎《むなかたいつろう》は次の祭文《さいもん》を霊前《れいぜん》に捧《ささ》げた。

「茲《ここ》に講道館門生十余万人の総代《そうだい》として、我等《われら》の恩師講道館師範《しはん》嘉納先生の英霊《えいれい》に対し奉《たてまつ》りて弔詞《ちょうし》を申し上げますことは、私の最も哀悼悲痛《あいとうひつう》の情《じょう》に堪《た》えざる所でございます。

謹《つつし》みて思うに、先生は天資英傑《てんしえいけつ》（天から授かった素質がきわめてすぐれていること）、識見高邁《しきけんこうまい》（見識《けんしき》が高いこと）、而《しこう》して剛毅《ごうき》（強く勇気があること）慈愛《じあい》のお方であらせられ、そのご一生は奮闘努力《ふんとうどりょく》の創造的《そうぞうてき》御生涯《ごしょうがい》であらせられました。先生のご着眼《ちゃくがん》は常に日本国の進歩発展でありましたが、同時に世界文化の向上と国際《こくさい》融和親善《ゆうわしんぜん》であらせられました。先生の御理想御抱負《ごほうふ》は真《しん》に高尚《こうしょう》（高く尊いこと）遠《えん》大《だい》でありまして、日本的にしてかつ世界的でありました。換言《かんげん》すれば先生は日本精神を以《もっ》て世界人類を指導せんとのご大志《たいし》であらせられました。しかも先生の中心的御事業は殊《こと》に教育、殊に柔道教育でありました。而《しこう》して先生はその七十九年間の非凡絶倫《ひぼんぜつりん》（人並《ひとなみ》はずれていること）なるご精力《せいりょく》とご努力とによりて、その偉大なるご事業を成功せられました。少くともその大基礎《だいきそ》を据《す》えられました。先生は日本の偉人《いじん》たるのみならず、世界的偉人と仰《あお》ぐべきお方と存じます。

　我等《われら》は今我等の恩師慈父《じふ》と仰《あお》ぐ我が嘉納《かのう》先生と幽明境《ゆうめいさかい》を異《こと》にし（生死を分けること）またその音容《おんよう》（言葉と姿）に接すること能《あた》わず、哀哭《あいこく》（悲しみに泣くこと）の情《じょう》に堪《た》え得《え》ませんが、先生は日本文化の向上と国際親善の大業《たいぎょう》の為《ため》に遠く老躯《ろうく》を提《ひっさ》げてカイロに使いせられ立派にその重大なる使命を達成せられて、その帰途《きと》太平洋上に急病をもって高僧《こうそう》の如《ごと》く静かに長逝《ちょうせい》せられました。これ凱旋《がいせん》日本武将の戦死のごとく、また世界的聖者の大往生《だいおうじょう》のごとく絶高絶大《ぜっこうぜつだい》（この上なく高く大きいこと）なる殉道《じゅんどう》（道に生き道に死ぬこと）的御最後と存じます。我等は先生のこの英雄的聖者的最後によりて、ここに新たなる教訓を学び新たなる感奮興起《かんぷんこうき》を発《はっ》し新たなる一大覚悟を定めねばなりません」

嘉納《かのう》の大志《たいし》、大理想は「日本精神をもって世界人類を指導すること」にあったのである。まことにも気宇《きう》雄大《ゆうだい》な「世界的偉人《いじん》と仰《あお》ぐべき」人物であった。

柔道はすぐれた日本文化

柔道に生涯《しょうがい》を捧《ささ》げた深い思いを嘉納はこう語っている。

「日本は今まで世界から種々《しゅじゅ》のことを学んできたから、日本も何かを世界に教えなければならない。柔道は彼《かれ》にない日本の優《すぐ》れた文化である。この柔道を教えることによって世界の文化の上に寄与《きよ》することができるのみならず、日本の世界的発展を助けることになる」

日本が独自の歴史伝統にもとづくすぐれた文化、文明をもつ国家であることは、今日ようやく多くの日本人が気づいている。嘉納が柔道を始めたころ、日本にすぐれた文化、文明があると思った人は少ない。誇るべきわが国の美術工芸品などは安く買いたたかれ海外に流出《りゅうしゅつ》していた時代である。柔道が立派な日本文化などと思った人は嘉納のほかにあるはずもなかった。全て価値あるものはみな欧米からやってくるという劣等感《れっとうかん》、負《ひ》け目《め》を抱《いだ》いた時代に、嘉納《かのう》はかくも高大な見識《けんしき》と信念《しんねん》を固く持ち続けたのである。従弟《いとこ》で講道館理事《りじ》をつとめた嘉納徳三郎《かのうとくさぶろう》は逝去直後《せいきょちょくご》こうのべて従兄《いとこ》をたたえてやまなかった。

「私は彼を決して従兄《いとこ》とは考えず、偉大な日本の武道《ぶどう》を再び今日の隆盛《りゅうせい》の域《いき》に導いた恩人として絶大《ぜつだい》の尊敬を払っていた。鹿鳴館《ろくめいかん》時代の西洋かぶれが大きな主《しゅ》潮《ちょう》をなしている時に、彼ほどしっかりと今日でいう日本精神をわきまえ、そして鼓吹《こすい》(大きく唱《とな》え広めること)した者はないであろう」

嘉納の次男、講道館第三代館長嘉納履正《かのうりせい》はこうのべている。

「私の見た父の一番尊ぶべき点は、〝世の為《ため》、人の為に尽《つく》したい〟という純乎《じゅんこ》たる(純粋《じゅんすい》な)志《こころざし》でありました。父は柔道の普及《ふきゅう》とともにその一生を師範教育《しはんきょういく》または国民体育の向上に捧《ささ》げましたが、その成否《せいひ》については世の批判にまつべきでありましょうが、常住坐臥《じょうじゅうざが》、思いは世の為に尽《つく》したいというのが一生の志であって、これに加えるに不退転《ふたいてん》の積極精神こそ父の背骨《せぼね》であったと私は信じています。父は自己を忘れ、ただ世を思うという国士《こくし》（国の為《ため》に尽《つく》す人物）の風格《ふうかく》（品格、すぐれた人格）があったと痛感《つうかん》するのであります」

嘉納《かのう》は日本人の一典型《てんけい》（手本）であり、明治における武士道《ぶしどう》の一体現者《たいげんしゃ》であった。柔道は尚武《しょうぶ》の国、武勇《ぶゆう》の民族、武士道の国日本のひとつの象徴《しょうちょう》である。近代日本の興起《こうき》と躍進《やくしん》は世界史の奇蹟《きせき》であったが、嘉納治五郎《かのうじごろう》は柔道を興《おこ》しこれを世界に広めることによりその一翼《いちよく》を担《にな》う極めて大きな貢献《こうけん》をしたのである。

参考文献

『嘉納治五郎』加藤仁平他　講道館　昭和39年
『嘉納先生伝』横山健堂　講道館　昭和16年
『嘉納治五郎』加藤仁平　逍遙書院　昭和39年
『小説嘉納治五郎』戸川幸夫　読売新聞社　平成3年
『嘉納治五郎』高野正巳　講談社火の鳥伝記文庫　ほか

日本《にっぽん》の偉人物語《いじんものがたり》　2
上杉鷹山《うえすぎようざん》　吉田松陰《よしだしょういん》　嘉納治五郎《かのうじごろう》

初版発行　平成30年4月25日

著　　者　岡田幹彦
発 行 者　白水春人
発 行 所　株式会社 光明思想社
〒103-0004 東京都中央区東日本橋2-27-9　初音森ビル10F
TEL 03-5829-6581
FAX 03-5829-6582
URL http://komyoushisousha.co.jp/
郵便振替 00120-6-503028
装　　幀　久保和正
本文組版　メディア・コパン
印刷・製本　中央精版印刷株式会社
© Mikihiko Okada, 2018　Printed in Japan
ISBN-978-4-904414-75-0
落丁本・乱丁本はお取り替え致します。定価はカバーに表示してあります。

光明思想社の本

谷口雅春著
新編 生命の實相 全集
各巻 一五二四円（税別）
日本の宗教界に燦然と輝く累計1900万部の永遠のベストセラー！ 各巻に新しい脚註と巻末の索引が付いて完全リニューアル。絶賛刊行中！ 読めば、あなたは必ず救われる！

谷口雅春著
古事記と日本国の世界的使命
一七一四円（税別）
幻の名著「古事記講義」が甦る！ 今日まで封印されてきた黒布表紙版『生命の實相』第十六巻神道篇「日本国の世界的使命」第一章「古事記講義」が完全復活！

呉 善花著
なぜ「日本人がブランド価値」なのか
――世界の人々が日本に憧れる本当の理由――
一三五〇円（税別）
日本が〝世界の行き詰まり〟を救う！ 来日1年目の〝親日〟、2〜3年目の〝反日〟、そこを超えて著者が見たものは、世界のどこにもなかった〝理想の大地〟だった！

加瀬英明
ケント・ギルバート
対談 憲法を改正すれば日本はこんなに良くなる
一二九六円（税別）
加瀬 東アジアがアナーキーな状態、無秩序な状態にある最大の原因は、日本国憲法です。
ケント 今の日本が平和だとしても、憲法のお蔭でなく、アメリカの〝核の傘〟に入っているから。

岡田幹彦著
日本の偉人物語❶
二宮尊徳 坂本龍馬 東郷平八郎
一二九六円（税別）
著者渾身の偉人伝！ 全十巻
二宮尊徳―日本が誇る古今独歩の大聖／坂本龍馬―薩長同盟を実現させた「真の維新三傑」／東郷平八郎―全世界が尊敬する古今随一の海将

定価は平成30年4月1日現在のものです。品切れの際はご容赦下さい。
小社ホームページ http://www.komyoushisousha.co.jp/